诗意地居住在蒙特利尔
Living Montreal Like a Poem

诗意地居住在蒙特利尔

Living Montreal Like a Poem

张云涛

AcerBooks

诗意地居住在蒙特利尔（红枫丛书之五）
作者：张云涛
封面摄影：陶志健
插画：石光远
出版：Acer Books

书号：978-1-7381938-3-7

红枫丛书
策划：黎杨
设计：陶志健

Living Montreal Like a Poem
Author: Zhang Yuntao
Cover photo and design: Tao Zhijian
Drawings: Edward Shi
ISBN: 978-1-7381938-3-7

Publisher: Acer Books

Copyright © 2024 ZhangYuntao

All rights reserved. No part of this book, except contents in the public domain, may be reproduced or used in any manner without the prior written permission of the copyright owner, except for the use of brief quotations in critical articles and book reviews.
E-mail: acerbookscanada@gmail.com

目 录

目 录 i
序 言 满翠也之深度斜杠青年张云涛 iii
第一部分：诗意居住 1
  一个南方女子眼中的雪国 2
  蒙城读书之乐 5
  中年学琴客乡中 10
  来蒙特利尔，你一定要爱上滑雪 12
  高尔夫的人生随想 16
  萌娃在加学中文 21
  慢生活——克服焦虑的良药 26

第二部分：书山有路 29
  《文学的故乡——莫言》读后感 30
  读《尼采在历史的转折点》 33
  《第二性》和波伏娃 38
  行至水穷处，坐看云起时 44
  卡拉走后怎样，加拿大版的《玩偶之家》？ 50

第三部分：情到深处 56
  想家的感觉 57

- 今天送儿子回中国 60
- 漫漫十年移民路 63
- 怀念 Jacques Ménard 72
- 人生若只如初见 75

第四部分：人在旅途 78
- 相聚德国 79
- 我的心遗落在维也纳 87
- 好一片苍茫大地 ——阿拉斯加游轮之旅小记 92
- 爱上一座城 101
- 魂牵梦系布达佩斯 104
- 拉斯维加斯不相信眼泪 109

第五部分：宝剑锋出 113
- 墙上的风景 114
- 对不起，你被解雇了 117
- 米歇尔 120
- 难得从容 123
- 自雇四十年 126

推荐语 129

序 言

满翠也之深度斜杠青年张云涛
胡晓明

一

我驾着车，云涛引路，我们往皇家山看圣约瑟夫大教堂。春天的"满翠也"（我仿徐志摩译佛罗伦萨为"翡冷翠"，给蒙特利尔的译名），满山的枫树，都在吐新芽，大片的鹅黄嫩绿，亮闪闪的阳光在树叶间嬉戏。我们有点迷路，有一个女孩在路边跑步，我们开车过去，摇下车窗，云涛用法语问路，女孩俯下身来，认真讲解，她的神情动态，全是诚然的春光。

这座宏伟的大教堂是加拿大罗马天主教圣地，始建于1904年，花了六十多年才建成。是北美最大、世界第二大拱顶大教堂，每年朝圣参观者逾200万人。我们从台阶上去，中间有一跪一祈的专门台阶，给虔诚的信徒跪着上去的。

这座教堂的神父是著名的二十世纪加拿大圣人安德烈(Andre)修士。他出身贫寒，但意志坚强，心灵纯美。曾以圣约瑟夫教堂中的灯油，治愈了许多身有残疾的病人，蜂拥而来的人潮持续了30年之久，在法系天主教崇尚圣迹的传统中，他得到了很高的声誉。礼拜堂内陈列的为数众多的痊愈者扔下的拐杖，表明其神奇疗效。他死后满山浩荡的送葬人海，亦可见其影响力。生前即得到充分的捐款，安德烈修士在皇家山上进一步扩建了这一座约瑟夫大教堂，1924年开始扩建，最后完成于 1967 年。教堂体积之大，据说世界上只有梵蒂冈圣保罗大教堂的圆顶大于它。不过其内部却相当质朴、简单。拥有 5811 支管子的管风琴每天都奏出悠扬的乐声。最令人惊讶的你还可看到教堂博物馆里浸在药水中的安德烈修士的心脏。

今天，教堂建筑后的山坡上一座小洋楼，保存了安德烈修士日常生活起居室。教堂以及故居，不收一文门票，供全世界川流不息的观光者参观。这不足八平方米的小房间里，一单人床，一书架，一桌一椅，简陋至极，然而却留存着加拿大最具有精神魅力的人的生命气息。

旅行最奇妙的事情，即那些新奇、本来不相干的事情，会碰到一起，产生某种戏剧性的意味。这种意味，是要过后才体会出来的。而当你意识到这些意味，就会透过旅行中隐藏的爱恨和复杂多变的面相，触摸到人生深处的底蕴。这时的旅行，就超过了跟着感官导游而游的被动，进入"官之止而神欲行"的境地。

当天下午，我和云涛去市中心一家酒店见刘莉。刘莉是云涛二十年没有见面的同学。我们很顺利把她接到，然后驱车往一家颇有名气的小饭店去吃饭。在什么城区，吃什么菜，以及为什么这家饭店有名，我都特意加以隐藏保密。

他乡遇故知，刘莉和云涛，自然是说不完的话。据说，同学四年，也没有说过这么多话。酒过三巡，我发现那个漂亮的饭店小妹，一边干活，一边听电视机里一位老和尚讲经。她的神情有些不大正常，动作缓慢，施施然的，有点像我菲丽亚，脸上浮着浅浅的笑，又有点像病中的茶花女。请她帮我们照完合影，看她欲言又止的样子，我就问她，是不是有点生病了？需要我们帮助么？她叹气，说她刚从一场劫难中

序言

逃生出来，说着说着，眼睛就红了，泪水快要出来，苦笑着，叹气不已。断断续续，给我们说了她的故事：

……太可怕了。我幸好逃出来了。不然，真是不知道会发生什么？他们是什么人？他们是最可怕的人。一开始他们说给你看相，帮你找合适的工作，可是你知道么？他们拿了你的八字，有了你的照片，就慢慢开始俘虏了你的心，用什么办法？用催眠术、用勾魂术呀。他们可怕得很。让我们中的有些女孩，慢慢的，见不到师傅就是不行，时时要见师傅，不然饭也吃不下，觉也睡不着……，慢慢的，中间有人就问她们要钱，要银行卡，要他们自动打钱到师傅的帐上。告他们？怎么告，你没有证据呀，是你自动把钱打过去的呀。我们中的那些可怜的女孩，为了见师傅一面，为了能正常吃饭、睡觉，钱也没有了，人也没有了……，他们真的能勾魂的，好险呀，所以，我要听真正的师傅是怎么说的，我听了这些，就可以知道什么是坏人，就可以救我了……我算是已经逃出来了。

噫！就在同一个满翠也城，有最高尚的人，也有最恶魔的人。这是多么的不同！但是，如果从"奇理斯马"（charisma）的意义上说，他们所具有的精神能量，都属于传统社会具有的"魅力"。只不过，安德烈修士用来为民众服务一生，而魔教头用来敛财害人。那些孤身在外的小女孩们，你们要当心呵。

值得思索的是，安德烈修士这样的圣贤型精神魅力的人，在现代社会，越来越式微，成为一种博物馆式的古董。而传统社会的"魅"，其实并没有消失，而是幻化成其他型式，比如敛财的巫术，比如商家赞助的歌星球星影星（那么多人为他们而狂热），以及极权社会的精神洗脑，他们都是现代社会的新老同在的"魅"。

所以，后现代要与传统、现代作一齐的了断。他们揭露传统与现代一脉相承的"魅"，宣布"上帝死了"，根本不承认"灵魂"有这回事。UBC有个教授用脑电图来研究"上帝"，认为"上帝"只是大脑皮层的一些阴影而已。

所以有韦伯式的问题：现代与古代最大的区别，不是蒸气机，不是剩余价值，而是"世界不再令人着迷"（林毓生教授的翻译）。是纵欲者没有心肝，专家没有灵魂，是铁笼里失去自由的人。因而，自由与"魅"，又是联系在一起的。因而，招什么"魂"，返什么"魅"，才是既非单纯的传统复活，也非天真的现代和虚无的后现代，所要思索的问题。

5月21日夜晚，月光皎洁。我在满翠也中国城讲《略谈中国诗词里的"乡愁"》。有人告诉我，那天晚上，正是某个西方狂人预言世界末日到来的日子，有人在大街上等着捡豪华车，有人等着进入富人逃弃的豪宅，结果什么都没有发生。而我和我的听众，已进入"春江花月夜"和"巴山夜雨涨秋池"的意境。

二

以上是2011年我的加国访学记行之一。文章开头提到的"云涛"，本书作者，即是华东师范大学中文系我教的学生。那时我博士毕业刚留校，任他们的班主任并担任为期一年的《古代文学作品选》课讲师。他们班有不少同学才华出众，云涛算一个。我比较看重写作，印象中云涛的字像男孩

序言

子,文气也比较飞扬,在我的课上表现不算最厉害的,但比较独来独往,我几次看到她一个人缓缓行走于校园,神情有些慵懒又若有所思的样子,再加上深度近视,看见我也不打招呼。我主动喊一声,她似乎方从梦游中惊醒。九零年代的那些时日,丽娃河畔的书声渐起,文史楼的样子也安静许多了。张云涛终因其特出的外语天赋,一年级下学期就转学到对外汉语专业。记得她爸爸来学校,与我见了一面,对女儿自信满满,大夸云涛从小学习如何如何好,从不要父母操心。言外之意即是说天生云涛即学霸。然而,我并未想到在校园里感性的张云涛,后来会从事如此理性的金融行业,会读MBA,会放弃优厚待遇的国企白领,举家早早移民加拿大,更未想到她在成功从事理财顾问十多年的同时,酷嗜读书写作,读英法文书,成为优秀中文教育专家培养两个儿子成为加国中文学霸,更同时弹得一手好钢琴、打得一手好高尔夫球、写得一手好文章,现在,终于要出书,周游世界,遨游文艺,实现了精神自由兼财富自由,成为同学们口碑中啧啧称赞的"深度斜杠青年",噫!我在上一节访问记的末尾,提到满翠也之"魅",提到"世界不再令人着迷",其实世界不令人着迷只是世界的现代常态,是平面化、程序化、科层化、理性化、规范化、非个人化、功利化和单一化对人的自由本性的殖民,然而在这个滔滔滚滚的大背景下,每一个时代都有特出者从中突围而出,自己主宰自己的命运,自己发现自己的意义,自己完成自己的生命,正如云涛书中所说,毕竟生命只有一次,决定权还在我的手中。从这个意义上说,云涛不啻为我们班上的一个巾帼英雄。

最后,我有一点不算题外的想法,借机写在这里:现在有一个很流行的话头叫做"不确定性的时代"。其实是一句忽悠人的废话空话。从世界大历史来看，什么时代确定过？那个说历史终结的福山，不是也承认终结不了么？从华夏历史大势来看，有盛有衰，往复循环，才是确定的常态，其他都是不确定。从常识来看，四川话说，人有十年看。可以说十年是一个小确定，就看你自己确定不确定了。张云涛就是一个确定的代表。从道禅智慧来看，所谓"春有百花秋有月，夏有凉风冬有雪。若无闲事挂心头，便是人间好时节"，怀抱如此念头看自家与时代之关系，可谓"日日是好日"，这当然也是张云涛的一个确定。

于是，我满心欢喜在新年开端的日子里，确定地为云涛写下这篇小序。

（胡晓明：华东师范大学中文系博士生导师、终身教授）

2024年2月17日于山城贵阳

第一部分：诗意居住

诗意地居住在蒙特利尔

一个南方女子眼中的雪国

我出生在中国的南方，江西南昌，因王勃的《滕王阁序》而闻名的城市，有着"襟三江而带五湖"的广阔，有着"落霞与孤鹜齐飞，秋水共长天一色"的绝美秋景。而南昌的冬天却是阴冷的，很少下雪，一下雪，孩子们快乐像过年一样，追逐嬉闹，打雪仗，争相拍照留念，在我的记忆中，几乎没有印象下过什么大雪，雪也很少过夜，第二天就化了。后来我去上海读书，记着飘着的雪花，象征性地落下，也没有积雪。再后来我去广州读研究生，留在那里工作，在这个南方的城市又呆了九年之久，那些年我根本没有见过雪。等来到蒙特利尔的时候，我一年便将我前半生的雪看完了。

前几年的雪，对我们而言，是冷酷而悲伤的。我们来到一个陌生的国度，举目无亲。我们在广州都有很好的工作，先生是个律师，而我在大型国企衣食无忧，前途光明。面对漫漫大雪，来到加拿大重新开始，我们慌张、不知所措，被这无情的大雪打晕了，茫然而不自知。我们忘记我们最初的梦想，不知一切从何开始。记得刚来，没有买车，他背着从超市买来的东西，望着皑皑白雪，悲壮地说：到哪里去找个工作呢？那时雪对我而言，是上学时候，等公共汽车的透骨凉意；是走在路上，被疾驰的汽车沾满一身雪泥的尴尬；是大雪夜归时候，昏暗的天空，和对孩子满满的歉意。

后来孩子大了一点，我们先后读书，买了一个四居室的房子，我和先生都有了一份专业性的工作。我们也交了很多朋友，感恩在这雪国，总有相知相契，温暖人心。我父母也在2013年移民加拿大，我最重要的人都在蒙特利尔了，我开始感觉到自己在加拿大有了家，朋友们说觉得我笑得特别开心。我开始和孩子们一起学会了滑雪，雪开始变得柔软而浪漫，就这样我爱上了雪。我爱从雪山上看林间的朝霞，水墨的天空，远处点点人影帆影；我爱在暖冬中看雪花翩翩起舞，我坐在缆车上，阳光照着我，如荡秋千般惬意；林中有雾，小雪飘飘，我凝神滑行，如一叶扁舟在茫茫雪海畅游；倘如大雪纷纷，我踏着乱琼碎玉，素草如玉佩，我不禁想起李白的名句：应是天仙狂醉，乱将白云揉碎。

2019年11月我回到广州，参加MBA毕业周年纪念，那时候的广州依旧满城姹紫嫣红，不负其花城的美誉。我想到加拿大近半年的冬天将开始，而我将面对这不化的积雪，没有这满目的春色，我问自己似乎后悔过自己的选择。回答是否定的。我经历了不一样的人生，我爱上了蒙特利尔这座城市，那里也有我的事业、家人，我在大雪山上飘逸飞过时候，自己在那苍茫的大地，吟唱王勃那句：天高地迥觉宇宙之无穷，兴尽悲来，识盈虚之有数，感受诗人对宇宙和人生在空间和时间的维度上的豁达和坦然。

来加十多年，雪见证了我的成长，我想起王国维在《人间词话》中说："古今之成大事业、大学问者，必经过三种之境界"。而对移民雪国的我们来说，我以为也有三种境界，第一境界是看雪是雪，直面人生。第二境界是看雪是花，享受人生，韩愈说："白雪却嫌春色晚，故穿庭树作飞花。"第三境界是看花是雪，顿悟人生。范云说："昔去雪如花，今来花似雪。"倘若我有一天看广州满城的花朵，确如蒙城的飞雪，我想自己真正成长了。

法国哲学家萨特说过：除了我们的选择和体现这些选择的行为，没有什么能定义我们。罗振宇在2023年时间的朋友跨年演讲中讲到："我们身上最有价值的东西，不是证书和技能，而是过去一切经历的总和。"我们选择移民到这个雪国，并不只是选择将自己连根拔起，我们努力、热爱，我们将梦想延续而不是简单的重新开始。我们有我们的过去，我们更享受我们的今天。杏花春雨的故国江南固然美好，但我亦爱这雪花的六瓣精灵，在风中起舞，我闻到了雪的芬芳，陶醉其中。

(本文发表于2023年2月16日《华侨新报》1669期)

第一部分：诗意居住

蒙城读书之乐

我是一个喜欢读书的人，从小学、中学、到大学，历史、地理、文学、艺术、经济、金融、管理多有涉猎，读多了就开始写，发表了不少文章，后来还出版了一本书。读书对我而言是生命的快乐资源，一日不读书，便觉得若有所失，二日不读书，便觉得坐卧不宁，而唯有读书，才可以心平气和、物我两忘。而且写作仿佛就是读书之后，心境自然的流淌，留下一些痕迹而已，正如苏东坡所说："人生到处何所似，应是飞鸿踏雪泥。泥上偶然留指爪，鸿飞那复计东西。"

2005年一月末，正式登陆加拿大来到蒙特利尔，这个北美的留学之都，深感读书之乐。蒙城离中国有万里之遥，文化风土人情完全不同，在此读书自然有不同之乐。

其一乐是多元文化交融之乐。

在中国，几乎清一色黄种人，在蒙城举手投足之间处于多种语言多元文化之中，所有的路牌、标牌、广告都是用英文、法文两种文字标识，蒙特利尔的65%的人会说两种以上的语言。在地铁里、在公共汽车上、商场里，随便都是黑、白、黄、棕四种人种齐全，地铁上用多种文字标记了"你好"，表明了多元文化共存的友好和善意。在蒙特利尔多元文化的环境和氛围，反而彰显了各个民族的特色。各个民族都有自己的表达民族情感的方式，比如每年的3月17日是爱尔兰人的圣帕特里克节（St.Patrick's Day），纪念爱尔兰最重要的天主教圣人帕特里克的忌日，在蒙特利尔市中心举行盛大

诗意地居住在蒙特利尔

的游行;中国人也开始有中华文化节。有一次在魁北克大学见到一个小型的哥伦比亚文化节,走上去攀谈几句,几个在蒙特利尔读书的哥伦比亚学生搞了一个油画、雕塑的艺术展,希望能够让大家更多地了解哥伦比亚,而不仅仅是在电视上经常见到的毒品买卖和政变。是啊!几个20岁出头的学生,就有这样的文化意识和责任感。在这样的环境下读书也是受益匪浅。不知不觉中你在多元文化的氛围中,感受文化的碰撞和交融,你可能边听法语歌曲,边看着英文的图书和报纸或者和阿拉伯兄弟用法语争论着加拿大的政治问题,或者看着幼稚的中国孩童咿咿哑哑地说着魁北克的法语。蒙特利尔图书馆很多,每个社区有社区图书馆、有市图书馆、有省图书馆。社区图书馆也是整齐清爽,书目琳琅满目,只要是当地的居民就可以随意借上十几本书,而图书馆晚上也是居民们心灵小憩的驿站。有一次傍晚我去街区的图书馆,落地玻璃窗边是渐渐沉去的暮色,街灯初上,旁边是印象派画家克劳德·莫奈的大幅油画《日出·印象》,我脱去大衣挂在衣服架上坐在柔软的椅子上,翻看着那 *la Presse* 的法文报纸,心中涌起一种莫名其妙的感动,离家万里,你却可以在这个城市的一个角落,找到一个安静,不会打扰的园地,对我而言,这就是一种幸福。在蒙特利尔,最豪华、最时髦的建筑之一就是刚刚落成的省立图书馆,建筑内中空的立体的玻璃构造,夕阳照射进来,即使在冬季也明亮而充满温情,使得图书馆像一座市中心的世外桃源。在图书馆里读着法国的《费加罗报》,美国的《纽约时报》加拿大的 Gazette 报,欧美政治、经济、文化,一切尽在掌握之中,在这里,我们通过各种文字的报纸看到了整个世界。

书籍是历史的长河中文明的使者。在读书的过程中，我仿佛是多元文化艺术殿堂流连忘返的孩子，不仅掌握了知识，体会了积淀的文化，激发了灵感，还和各国的作者沟通了情感，体会了岁月变迁、人间沧桑和无限的情愫。

我喜欢中、英、法三种语言，记得有一位大翻译家说过，英语仿佛是妻子，法语仿佛是情人。我对英语没有太多语言的障碍，但是文化方面却有不知道和不了解的问题，仿佛如相识多年的伴侣，你虽然认识他，但你未必真正了解他。而对于法语，你迷恋她的语法，她的词汇，却是因为并不了解，她对你充满了诱惑。而中文便是那个彻头彻尾的自己，我们在蒙特利尔总忍不住要上中文的网站，去看中文的报纸，去用中文抒发自己的情怀，因为母语是我们的精神家园。

蒙特利尔这个国际大都市，身处北美，却心系欧洲。一旦掌握了英语和法语，仿佛掌握了一把了解这个城市灵魂的钥匙。我开始重视基础文化资讯的收集，积累自己多元文化的底气，欧洲文化和中国文化有形与无形地结合起来。我寻求阅读各国文化类书籍，主动把其文化含量，有意识地汲取其文化营养，逐渐感到世界文化的差异和大同，使得自己受益匪浅。

有时读书的同时，也观人。现在我是一个全日制的学生，班上的同学来自世界各地，包括非洲、美洲、亚洲、欧洲、大洋洲，在课堂内外，随时可以组成一个小小的联合国。交了一些国际友人，发现喜怒哀乐的情感，其实并没有太大的国界。比如各国同学文化背景不同，但是大家对于考试的态度还是一样，记得有一次我有一个课后作业要交，占了30%的比重，众多同学苦于无从下手，忽然听说一个墨西哥的高年级大哥会做。于是乎，大家将他请来，围坐一团，用无限崇拜的目光，看着他。此兄颇为得意，看了题目之后，突然脸色一遍，似有难色，掏出一本参考书翻了起来，围坐各国兄弟姐妹，顿时如对医生充满期待的病人，看着医生突然翻起医学参考书一般，面面相觑。读书、观人觉得很有意思。

第二乐是季节更替，读书心情之乐。

隆冬时节，登陆蒙城，进了一家法语大学学习金融硕士。上课用法语，教材用英语或者法语。在大学图书馆读书，望着落地玻璃，窗外的飘雪的雪花，仿佛一幅动态的雪景国画。"读书之乐何处寻，数点梅花天地心"。而春季万物复苏，生命更迭，脱掉厚重的大衣，开始轻装走出地铁，走出室内，走到户外，你特别想呼吸新鲜空气，春天的阳光特别诱人，在学校的草地上到处是三三两两读书的人。而夏季的蒙城是最舒适的温度，在20度左右，不冷不热，不燥、不干，此时或坐林中，或坐阳台的摇椅之上，或倚在湖边的亭子上读书，清风徐来，绿色醉人。到了秋季开始有凉意，你望着窗外如梦的枫叶，看着岁月就是这样溜走，便提起精神苦读起来。我来自中国的南方，一年四季都是绿色，经年下来，看不到四季的变化，生命之绿，反而显得枯燥。我喜欢蒙特利亚的四季更替，在这样的背景下，读书仿佛融于自然，而与自然万物共同成长。清代名仕张心斋说："少年读书如隙中窥月，中年读书如庭中望月，老年读书如台上玩月。皆以阅历之深浅，为所得之深浅耳。"。我现在的读书心境是介于隙中窥月和庭中望月之间。从懵懵懂懂不更事的孩子到走过10多年的学生生涯，如隙中窥月，长大的过程中，我们对世界万物充满了好奇，迫切希望领略月下世界的整体景象。到如今似庭中望月，30年的人生阅历，跨越了一个世纪，一个千年，飞跃了一个半球，来到蒙特利尔，心中自然有一份坦然和感悟，与中天明月，有一份莫逆于心的知己之感。希望随着阅历的增长，读书能够如台上玩月，则入乎其中而出乎其外，以客观的心怀透视人生景象。

（后记：这篇文章写于刚来蒙城之际，刚刚登陆蒙城的自己因为爱读书，有了一个全新而美丽的开始。读书是我的挚爱，无论是身处何地。查理·芒格说："仅凭你已经知道的东西，你无法走得太远，"你需要不断地学习，才能在人生中不断前进。移民20年，每日大量读书，并通过抄写法语、英语名著、经济学人，精读一些作品，将所有的抄写录成了800多个音频文件，日日听听。而《微信听书》这些新的媒介也让我能够利用碎片时间，大量听书，还制作小视频发表分享，及时写作读后感。孔子说：知之者不如好之者，好之者不如乐之者，酷爱读书，享受蒙城读书之乐，是诗意地生活在蒙特利尔的先决条件。）

（本文发表于2005年《路比华讯》）

诗意地居住在蒙特利尔

中年学琴客乡中

2022年3月10日是值得纪念的一天，从2021年9月12日开始和张宝国老师学习钢琴，已经整整180天了，打破了成年人学琴超不过半年的魔咒。爱因斯坦曾说："这个世界可以由音乐的音符组成，也可以由数学公式组成。"作为金融学硕士，长期和数学公式打交道，学了钢琴后发现，五线谱也是有规律的数字序列，有的是等比数列，有的是等差数列，四分音符、八分音符、十六分音符更是分数的艺术，世界万物相通，我们所有过去的经验对现在都有裨益。

儿子5岁开始学琴，至今已经11年了，我本来开始和他一起练，后来工作忙就放弃了，一直引以为憾。2020年疫情来势汹汹，作为工作十多年的理财顾问，大部分时间都可以在家里工作，省了很多通勤的时间。我觉得自己可以做一些一直想做的事情，比如练钢琴。我开始不敢去找老师，怕自己作为成年人，挑战需要童子功的钢琴，如果老师嫌我太笨，反应不过来，多尴尬啊。于是决定自己先练练，找找感觉，不懂就问一问儿子。从2020年7月11日我给自己立了一个小目标（flag），坚持每天练琴半小时以上，从拜耳（Beyer）练习曲开始，比较简单，因为我18岁学过吉他，这两年又和李竺颖老师学习打非洲鼓，所以节奏、读谱不是问题，我居然一个曲子一个曲子过了，自己弹完了104个练习曲，开始车尔尼599的练习。我还找出我一直喜欢弹奏的《梁祝》和《天空之城》，先分手弹，再合手弹，结果《天空之城》居然很快可以合手弹了，《梁祝》练习分手弹都很长时间，不过听着熟悉的旋律，从自己的手中流出，觉得很幸福了。我有写日记的习惯，将所有的练琴时间都记录下来，练了什么，有什么心得，2021年5月6日在连续坚持练琴182天之后，我又立下了一个小目标，弹50首耳熟能详的世界名曲，钢琴伴奏流行歌曲50首。自己弹了一段时间，终究有一点心虚，就约了我儿子的老师张宝国教授听一听，他是有名的钢琴老师，是钢琴教育家周广仁的学生，我弹了《天空之城》、599中的一个练习曲和《梁祝》第一段，结果他对我大加赞许，说我的手形非常标准，没有大的问题，而且对我能弹《梁祝》这么难的曲子很吃惊，我像吃了定心丸，很开心，看来成年人也可以弹好钢琴。于是2022年9月12日开始和他正式学习钢琴，当时师母说了一句话，成年人学钢琴，有一个算一个，没有超过半年的，我就暗暗下定决心，我先破了这个魔咒，人生不设限，一切皆有可能。张老师教学深入浅出，让我先求对，不求快，再快的节奏，先慢慢弹，流畅起来、强调重点练习、难点练习。我以前喜欢一个曲子弹到底，现在我一天只重点练习四个小节，效率大大提高。有的时候难的一个小节，一口气练习100遍，熟能生巧，而且我喜欢背诵，现在还坚持每天背诗歌、英文、法语的名句。我将老师布置练习曲所有的谱子都背下来，这样就可以专注于琴键。方法一对，勤奋的人功不唐捐，万事皆如此。钢琴学习让我更自律，让我识得轻重，懂得休止和留白，艺术是相通的，绘画也是如此，深浅、远近、高低皆是层次。疫情阻碍了我们去旅游，走过千山万水，却让我们有时间追逐少年时代琴棋书画的梦想，感恩音乐、文学、绘画治愈我们。

（此文2022年3月21日发表于《新民晚报》）

来蒙特利尔，你一定要爱上滑雪

来加多年之后，隆冬难熬，长达四个月的雪季，我终于下定决心去滑雪。怕自己打退堂鼓，先把教练请了，装备都买上，2015年12月31日第一次带着俩娃，一个九岁，一个七岁，和教练学了一次双板之后，开始了我的滑雪体验。

第二次上山滑雪，两小二不满意在baby道上滑行，上了缆车，上了绿道，拉着我也连滚带爬地上了绿道，第一次下缆车的时候，我没准备好，直接摔地上，啃上雪泥，导致缆车暂停。后来别人告诉我要先抬起脚准备下来，自此我就再也没有在下缆车的时候，摔过跤。

上了几次绿道，心慌得很。我先生非常有运动天赋，教练也没请，两个小孩教教他，就带着儿子到处滑雪了，后来还给儿子们报上了冬令营，天天去滑雪，已经把雪场滑遍了。一家四口滑雪的时候，我比较胆小，还是老老实实在绿道呆着，后来又请了几次教练，这样技术开始有提高。

2017年1月14日晚上6点，雪场零下十五度，体感零下三十度，曾经教过我滑雪的David教练，为我们六个小伙伴，进行滑雪技巧义诊。阳光明媚，但寒意彻骨，我错误估计了天气，素面朝天上了山，没带滑雪眼镜，也没带护脸的围脖，冻得我觉得鼻子快掉了。教练不惧严寒，认真讲解。所谓大道至简，问题都出在基本动作不标准，雪板转弯没踩到位，正常转弯无须费力，靠重心的移动自然转弯，雪板本身就是一条弧线。苦练基本功是正道，象练英语得从ABC

第一部分：诗意居住

开始，弹钢琴从哆、来、咪、发弹起。我们六个滑雪小伙伴接受了两个小时的现场教学，听教练讲解，模仿动作，一个一个下山练习，拍摄每人的教学小视频，都坚持到最后。现在想来自己也太大意了，要保暖，不能这样不小心。这次对我的技术有很大的提高。从此我年年都办季票，开始了快乐的滑雪时光。

蒙特利尔是户外运动的天堂，附近有很多山头，夏天打高尔夫，冬天滑雪，非常惬意。2017年11月16日两小儿开始学习单板滑雪，连学两天，就已经丝滑得很。我没有勇气，怕摔跤，坚持滑双板，看着孩子穿着轻松的单板鞋，我还踏着沉重的双板靴子，羡慕不已，好想年轻十岁，无所畏惧啊！

我总是抗拒不了滑雪的诱惑，阳光静好，零度左右，无风，这是个滑雪爱好者梦寐以求的雪况。我记得2021日一月的一日，阳光明媚，零下二度，边听《有翡》边滑雪，这是原著小说，已经拍成了电视连续剧，由赵丽颖和王一博主演。我感觉风轻拂面，脚步轻快，身飘如燕，手执雪仗，踏着雪板，恍惚间也如这《有翡》中的主人公般，仗剑江湖，侠义恩仇。那时候这疫情愈凶，幸亏雪场还开放，我边听听小说也能跳出这凡尘俗世，畅想这洗墨江、48寨、周翡、谢允、南刀、北刀的故事，感谢还有文学创造出了一个平行虚拟的宇宙，让人遐想连篇。那日是周五下午，人比较多，明日开始宵禁，再灰暗的时候也阻挡不了大家户外活动的热情。河边的芦花在这寒冷的冬天依旧迎风摇摆，虽然是残败，我却见到勃勃生机。疫情期间，我们就靠这滑雪安抚我们的心灵。

诗意地居住在蒙特利尔

我记得2022年第一滑，大年初二，天气多云，不过林间的朝霞，水墨的天空，远处的点点人影帆影，零上三度，让人一扫连续十几日酷寒天气带来的阴霾，心旷神怡，拍完照发现自己全副武装，根本看不出来，这武装到牙齿的装束反映了依旧严重的疫情，不过也挡不住一颗户外活动的心。

2023年1月雪季第一滑，那年暖冬，雪季12月14日才开放，零度、无风、冬日暖阳，可惜只开了三、四个雪道，喜欢滑行的感觉，在这白雪茫茫的世界体会到自由的感觉。想想2022年疫情期间大家还一人一个缆车，因疫情小心翼翼。似乎一切正常，和同坐缆车的魁北克人侃侃而谈，了解到在魁北克有一个雪票可以去74个雪场，每个雪场5次，才640加币，圣诞期间边滑雪边度假，令我非常向往。愈发爱上滑雪，爱上冬季，爱上魁北克。

2024年1月这一周的天气一言难尽，先是暴雪再是暴雨又降温，可是暖暖的太阳，我工作完，情不自禁，开上车，上了雪场，深深体会到光影之美，坐在缆车上，一摇一摇仿佛荡着秋千，冬日的阳光，将雪地的影子，弄得妩媚得很，"哪堪更被暖阳，寒冬送过秋千影"。闻到空中雪的芬芳，曾经写过一篇散文，说人生三重境界，第一重：花是花，雪是雪，直面人生，第二重：雪是花，享受人生，第三重：花是雪，顿悟人生，我可能到达了第二重境界，看这雪是花，享受这冬季，

魁北克的冬天曾经是多么难熬，却因为爱上滑雪，变得这么有魅力，边滑雪，看着自己的影子和旁边的影子倏忽而过，想起苏轼那句："起舞弄清影，何似在人间"。到处是影子，缆车的倒影，滑雪人的影子，抖落嫩叶尽显枝叉之美的树的倒影，默念宋代林逋的那句诗："疏影横斜水清浅，

第一部分：诗意居住

暗香浮动月黄昏"。在这冬日的暖阳中，沉浸其中，这雪地似清水一泓，这影似花香沁人。

来到蒙特利尔，无论如我这样来自温暖的南方还是来自寒冷的北方，你都一定要爱上滑雪，不辜负这洁白的雪国，滑行时，如隐士一般遗世独立，远离尘嚣，倘若你运气够好，碰上冬日暖阳，还可以享受这如梦如幻的光影之美。

（此文发表于《华侨新报》2023 年 6 月 22 日 1687 期）

诗意地居住在蒙特利尔

高尔夫的人生随想

我是一个高尔夫爱好者,从2009年8月第一次参加我们公司高尔夫球公开赛,开始接触高尔夫,从一个小白,到后来请中国教练和外国教练学习高尔夫球,希望打遍魁北克的高尔夫球场,已经有十三年了。高尔夫已经成为我生命的一个重要部分。

高尔夫球场是一个享受美景的地方,这是和其他运动的不同。我曾经乘船过河去打球,一个人独享这醉人的绿色草地,满目阳光和随处可见的加拿大鹅,我一个球从她们之间穿过,她们居然无事般闲庭漫步,加拿大人不慌不忙,连加拿大鹅也这样处乱不惊,我好喜欢早上高尔夫球场上空满天的云彩,色彩丰富而安静。高尔夫球场有水就有满目的灵气,有些球洞靠近河边,烟波浩渺,让人心旷神怡。或有芦苇丛生的小水塘,野趣横生、水天一色。我还喜欢远山下,沙石前那一抹喷泉。高尔夫球场也是光和影的世界,一清早铺在地上的影子,如影随形,让人觉得草场特别亲切。高尔夫球场湖边、河边、池边的芦苇也甚是妩媚,中国古典诗词中芦苇多是伤感、萧瑟的代名词,比如刘禹锡"空影渡宛鸿,秋声思芦苇",郑谷的"杳杳渔舟破暝烟,疏疏芦苇旧江天"吴潜的"落日桑榆存旧迹,西风芦苇护荒祠"。而久居加拿大的我却觉得这芦苇似有昂扬的生机。我曾经在滑雪的时候,发现只要有水的地方就有芦苇居然还在生长,虽然萧瑟,但是在寒冷的冬天平添几分意趣。而这高尔夫球场中夏天配合

第一部分：诗意居住

着婀娜的柳树和郁郁的绿草，这芦苇也绽放而欢快起来。高尔夫球场有春、夏、秋季节的独特变化。而我更喜欢秋天的高尔夫球场，有时群山环绕，水中的倒影依旧迷人，树树皆秋色，虽然落叶满地，有点萧索，却因为这灿烂的阳光扫去了一切悲凉和冷清。我还曾经在雾气蒙蒙中打高尔夫，朝阳对这薄雾仿佛宠溺的情人，任她雾锁寒江，雾罩枫林，雾朦草地，只等薄雾将这天地弄得雾气蒙蒙，似雨似愁，朝阳才破云而出，天地重新清亮、明朗起来，继续花香柳影、色彩斑斓。

我还将高尔夫融入我的旅游中，处处有高球，处处是美景。我们一家去海洋三省游玩，也是一场高尔夫之旅，新不伦瑞克省(New Brunswick)首府弗雷德里克顿（Fredericton）是一个安静又美丽的城市，才五万多人口，一桥横跨圣约翰河，让这个城市平添了许多妩媚。我慕名来到附近的金斯伍德（Kingswood）高尔夫球场，这个山地场由传奇的加拿大高尔夫建筑师格雷厄姆库克与达雷尔赫克瑟姆合作设计。该球场于2003年开业，获得了加拿大最佳新球场的美誉。我惊叹于他的大气而美丽，一望的绿色，点缀湖泊，天高云淡，让我感叹不已，真是不虚此行，这是我打的最漂亮的高尔夫球场。在哈利法克斯我一早开车去了27公里外的一个高尔夫球场，1914年的布莱特伍德（Brightwood）高尔夫球俱乐部，到了之后我才知道是一个私人球场，于是我和经理说我是来自蒙特利尔，慕名前来，希望能打几个洞，他欣然同意，并亲自把我领到了前台，那老头也很友好，说我可以打18洞，我充满感激，花钱买了不少纪念品。在第四个洞的时候非常壮观，可以看到远处的城市中心。加拿大国庆节我们在爱德华王子岛美景（Belvedere）高尔夫球场打球，很有纪念意义。我真感谢高尔夫这个运动，使得海洋三省除了美的风景之外，还有各种高尔夫球场引人入胜。以后我的欧洲之旅和美国之旅都将伴着周围的高尔夫球场，体会运动和旅游的双重快乐，很是期待。

通过高尔夫球运动还了解魁北克的人、文化和经济生活。我喜欢聊天，法语、英语可以自在切换，在高尔夫球运动中交了不少朋友。总的来说魁北克人都很友好，他们大多数都是法裔，要知道法国是古老的西方国家，重视家庭，人与人之间关系比较温暖。比如我就遇到过一个球友，他水平很高，76杆的水平，师从魁北克著名高尔夫球手丹尼尔·塔尔博特（Daniel Talbot），初次见面，非常友好，主动帮我找球，但凡有好球，都是"超级棒"（"super"）、"完美"（"parfait"）叫好鼓励，看我推球感觉很好，六米之外直接进洞，也为我叫好。我请教果岭的推杆，最后九洞，他耐心地跟我分析每个果岭，指导瞄准点。很多和我一起打球的魁北克人经常虽然萍水相逢，却待人以诚。另外他们重视家庭，我经常碰见父子、兄弟、翁婿一起打球。有的时候家庭每周日八、九个人一起打一场高尔夫。父子、翁婿经常直呼对方名字，这就是文化的差异，我们中国女婿直呼岳父名字估计会挨一顿打。再则家长不会太介入孩子的人生。比如有一次和我打球的爸爸在一家大型的连锁企业工作了30年，是经理，是我的校友，本科学会计和人力资源。他的太太在大学工作，但是他儿子却不喜欢读书，连大学都没有读，自己开了个建筑公司。这里的父母都挺尊重孩子的选择，虽然他很遗憾地说，大学老师的孩子读大学其实都可以免学费的。不过他儿子性格特别好，为人谦和，主动帮我找球，为好球喝彩，其实未必一定要读大学才有出路，每个人有不一样的人生，都值得尊重。

第一部分：诗意居住

另外我还可以了解当地的经济情况。比如我曾经碰到一个飞行员说2020歇了一年，整个航空业只有7%的运力，他今天休假，一周工作四天，每天飞三次，是庞巴迪公司的小飞机，飞蒙特利尔和多伦多市中心航线。还有一次遇见一个老先生，在大公司普莱特和惠特尼（Pratt&Whitney）工作了38年，该公司是世界三大航空发动机制造商之一，有良好的退休计划，可以享受退休生活。上一代的人动辄在同一个公司工作三十、四十年，公司也回报好的退休福利，是养老金固定收益计划（Defined Benefit）的计划，根据工龄可以拿到高达75%的退休收入。今天节奏更快，年轻人爱跳槽、各个公司的退休计划更多是养老金固定缴款计划(defined contribution)，主要靠自己的积攒。所有这些遇见的人，让高尔夫球场更像一个小社会，让我对魁北克这个省有更深入的了解。

  关于高尔夫球运动本身，我体会最深的就是：方向比速度重要。这和我们的人生也是一样的。你快速奔跑，却发现偏离了轨道，结果越跑越远。我以前总纠结自己能不能达到200码，或者更远，后来我发现只要方向正确，要哪怕保持170-180码，成绩都不会太差。可是我们总是打偏，离目标越来越远，所以正确的方向是高尔夫的关键。另外金推银切，最后100米至关重要。高尔夫球运动员经常由于短杆，包括推杆和切杆发挥失常，浪费了前面的长杆成绩，所以降低杆数的关键在于短杆，正如我们人生很多时候在于细节。一个小的推杆的失误可能会让你输掉比赛。另外高尔夫球的持久力和稳定性非常重要，如果单个洞，实现标准杆并不难，但是要保持18个洞都没有失误，这需要扎实的基本功，和良好的心理素质。所以这是一个自己和自己比赛的运动,需要专门的训练。

对我而言,在这美景中打球,去旅游打球,在打球中了解人生百态,更能够享受高尔夫球的意义,当然为了赢得比赛还是需要长期刻意的训练和持之以恒的心理素质。

(此文发表于《华侨新报》2022年9月29日1649期)

第一部分:诗意居住

萌娃在加拿大学中文

12岁的大儿光宏和10岁的小儿光远，在加拿大生，在加拿大长大，当我听着大儿在舞台上背着773字的《滕王阁序》，小儿背着36句《春江花月夜》，一口流利的中文，抑扬顿挫，让我这个华东师范大学对外汉语专业毕业的学生，感到非常欣慰。我们毕业时候，立志以海外传播中国文化为己任，先从自家娃娃做起。

2018年6月17日听北京大学对外汉语副教授赵延风的公益讲座："国际潮流的人生方向——海外中文教育的深远意义和方法"，觉得受益匪浅。她说，华裔学习汉语有一个窗口期，五岁之前必须开口讲中文，五岁之前必须喜欢中国文化，喜欢上一部中文动画片。我好幸运，自己按照这样做了。2012年我们全家去多伦多玩，走访了我先生的几个大学同学，我发现他们所有的孩子都不讲中文，一口流利的英文，我当时觉得很奇怪，略带责怪地说，应该让孩子说中文，否则他们不知道中国和中国文化。他们有点不屑地对我说，你不要讲我们，等你的孩子到了小学三、四年级，他们自然就不讲中文了。我那时突然意识到，在小学三、四年级的时候，孩子们都能够读《经济学家》、《时代》周刊，而中文还停留在简单的对话，比如"我家有六口人，爸爸、妈妈、爷爷、奶奶、弟弟和我"的水平，他的认知和他的语言严重不匹配，他自然会选择和他的认知水平更加舒服的英语或者法语。那时候，我下定决心，和时间赛跑，在他们三、四年级之前,让他们的中文水平和法语水平比肩。那年大儿六岁、小儿四岁,我们先让他们大量听中文的童话故事和看中文的动画片,包括52集《孔子》、52集《三国演义》、52集《西游记》、《巧虎》、《三十六计》、《孙子兵法》,阅读了影响中国的十大古典名著少儿版,包括《春秋战国故事》、《岳飞传》、《杨家将》、《三国演义》、《封神演义》等。小朋友对中国文化非常感兴趣,会用成语和典故,对一些三国、西游的故事了如指掌。并且通过悟空识字这个动画软件,游戏中集中学习了1200个汉字。小朋友还能听懂《欢乐喜剧人》、《我为喜剧狂》等中文综艺节目,喜欢上了金庸的《射雕英雄传》和《笑傲江湖》的电视连续剧,对里面的人物如数家珍。

2014年我们从温哥华坐豪华邮轮去阿拉斯加,孩子们英文一般,但是船上美国华裔的孩子,他们之间可以用中文交流,两小儿再次意识到中文的重要性,他们感叹道:温哥华、西雅图、阿拉斯加和游船上到处都是中国人。我们回程的时候,在温哥华再次停留,在一个公园玩耍的时候,巧遇了一群当地法语学校的小学生。两小儿在船上一天到晚听说英文和中文,终于有个机会说法文了,兴奋地跑上去找老师说法文,可是老师很礼貌,也很淡然,甚至有些漠然。我为两个小儿有些难过,但我那个时候,也清醒地意识到,哪怕我两个孩子生长在加拿大,哪怕他们说一口流利的法文,他们长着一张中国人的脸,他们永远都是中国人,这就是他们的身份认同,他们永远改变不了他们是中国人的事实。所以与其削尖脑袋,学好法语、英语,融入当地社会,不如让他们学好英语、法语的同时也学好中文,树立中国文化的自信,在蒙特利尔这个多元文化的天然土壤中,兼容并蓄,成为学

第一部分：诗意居住

贯中西的人才。我们作为移民的第一代，将自己连根拔起，移植到这个北美的土壤中，生根发芽，也给了我们的孩子一生下来就有天然的挑战，他们是这个国家的少数民族。我们有义务帮助孩子树立远大的理想，以天下为己任，有着全球视野，赋予他们中国文化的知识和底蕴，在中国经济和文化崛起的今天，成为跨越东西方文化的人才。

（后记：此文 2019 年在浙江文艺出版社"海外华人的家国情怀"的全球征文中被选中，入选《故乡的云》一书）

附：
滕王阁和《滕王阁序》
石光宏
2021 年 10 月"情系中华，爱我江西，海外华裔青少年征文"一等奖获得者　15 岁

2018 年我 12 岁那年，和我的妈妈、弟弟一起回到她的老家江西南昌，见到了江南三大名楼的滕王阁。

妈妈大学学的是对外汉语专业，从小她就教我中文，我看了很多中国的动画片，包括《三国演义》、《孔子》、《西游记》等等，通过悟空识字那个软件，开开心心地学习了 1200 个汉字，每天坚持抄写 65 个汉字，渐渐我可以读很多中文书了。妈妈跟我说，滕王阁是江西最有名的建筑物，她让我背《滕王阁序》，说如果背出来了，就免门票，并且奖励我 20 加币。妈妈很耐心，边背，边讲解，她还和我一起

背，又有二十加币的奖励，我也就背下了这个773字的千古名篇。

舅舅把我们送到了滕王阁门口。妈妈带着我和弟弟进入了这个我读了好多遍的著名楼阁。我们还是交了一个人50人民币，没有人让我背诵，也没有人免票。我的感觉有些失望，因为《滕王阁序》写得太美了，比如"层峦叠翠，上出重霄；飞阁流丹，下临无地"，"渔歌唱晚，响穷彭蠡之滨"。我们到南昌的时候是7月中旬，很热，我觉得自己快被烤熟了。我面前是一座方方正正的楼阁，妈妈说这个楼阁烧了又建，建了又被毁了，这个楼是1989年建成的。我登上高楼，眺望去，南北有两个辅亭，还是很美的，我想起那句"襟三江而带五湖"妈妈和我讲解的是，以三江为衣襟，以五湖为衣带，在我面前只有赣江水在平静地流淌，我想这就是年轻的王勃的想象力和才华写出了这个千古名篇。

妈妈说：这滕王阁是1982年开始按照著名建筑大师梁思成的草图，于1989年建成的。门口写的著名的那句"落霞与孤鹜齐飞，秋水共长天一色"，是用毛主席的题字，二楼有一副人杰图，妈妈说是古代八十位江西名人的壁画，比我高多了，壁画也很长，感觉这些人都是仙风道骨。妈妈很以自己是江西南昌人为骄傲。她说：她最喜欢的几个大学者，比如翻译家许渊冲、法兰西院士程抱一都是江西南昌人。

今年我15岁了，我已经很久没有回中国了，疫情期间，回家很难。我2020年开始在美篇上写读书笔记，已经坚持快六百天了，我开始理解滕王阁序中一些句子，"天高地迥，觉宇宙之无穷，兴尽悲来，识盈虚之有数"，和最近妈妈陪我读的《道德经》"飘雨不终朝，骤雨不终日，天地尚不能久，何况人乎？"的意境很像，人生境遇，起起伏伏，妈妈说希望我永远保留乐观的心态,再大的苦难都会过去。比如疫情期间,我留在家里的时间很多,我就天天读书,写美篇,已经读了100多万字的中文书了,光《三国演义》就有八十万字,每天写200多字,已经写了12万字了。有六万一千人读过我写的美篇。另外这句话还说:要谦虚谨慎,月满则亏。我读过《三国演义》,深知人不能太骄傲,比如曹操败走华容道,关羽走麦城,但凡他们谦虚一点,谨慎一点,也不会有这样的惨败。

我虽然生在加拿大,长在加拿大,但是中文的热爱会一直伴随我,而江西的这座滕王阁和《滕王阁序》我都会永远记在心里。

诗意地居住在蒙特利尔

慢生活——克服焦虑的良药

蒙特利尔大雪纷飞，周六早上来游泳，在泳池里忽然悟到了一些什么。今年又解锁了一项新技能，因为儿时怕水，研究生时候才学会了蛙泳，今年报名了本市的游泳班又学会了自由泳。发现人到中年，学会了滑雪、高尔夫、油画、钢琴，人生不设限，学无止境，在学习的过程中对生命有更深的体验。

从2021年9月12日开始学钢琴，已经学到了三级的曲子，不比一般孩子差，因为我弹得慢，刻意练习每个段落，有效率地练琴。钢琴老师张宝国总对我说：云涛不要弹得太快。他的老师周广仁教授是中国著名钢琴教育家，在他小时候，就语重心长地说：宝国，要先弹对，弹对是最重要的，慢弹再快弹。现在这个年代，人人都很焦虑，工作焦虑、婚姻焦虑、生孩子焦虑，甚至由于短视频上人人都美颜，容貌焦虑居然成了第一心理疾病。其实慢才是王道，比如所有的学习都应该先慢而不是一味求快。在正确的方向刻意训练，钢琴先左手、再右手再合手，游泳也是如此，先分开练脚、腿、手臂，每项刻意练习1000米，肌肉记忆形成，然后自然就合体练习。我打高尔夫球的时候发现很多人的姿势非常不标准，却已经打了十几年的高尔夫，成绩也没有什么提高。其实不用急于下场，在练习场认真学习正确的高尔夫挥杆、推杆、切杆的动作，了解技术性细节，可以使得学习高效而没有压力，事半功倍。其实当他们盲目下场的时候，是充满

第一部分：诗意居住

焦虑的，因为他们知道自己没有按照正确的方法把基本功练好。可见我们的焦虑在于没有准备好，本末倒置，就匆忙在纷繁的世界体会各种冲击。

托马斯·斯纳特在《练习的心态：如何培养耐心、专注和自律》一书中写道："人生本身只不过是一个漫长的练习过程，是一种永无止境优化各种行为的努力"。所以怎么一个"慢"字了得，在人人焦虑的今天，慢而正确，比快而错误要好。我是一个工作了十四年的理财顾问，有一次一个客户找我要买了一个高额的保险，后来她见了另外一个理财顾问，开着名车、大办公室，浑身名牌，她就选择在那个理财顾问那里买保险，说看上去她比较成功。把我气得够呛，客户跑了不说，还说我没有她成功。而我知道这个理财顾问非常急功近利，我有一次吃饭的时候，听见她在我旁边的饭桌上，忽悠十几个客户，说："保险就像储蓄一样，有钱就多存一点，没钱就少存一点"。而我每次都跟客户说：保险是长期投资，一定要量力而行，一旦短期内退保，就会导致本金大量损失。我跟客户推荐投资产品，保险也好、基金也好、房屋贷款也好，总会把丑话说在前面，将风险告知客户。怎么我这样负责任倒不如这个满嘴跑火车的人成功了。的确有一些理财顾问人品极差，却业绩极好。我开始怀疑自己是否选错了行业，是否应该违背自己做人的原则。后来我看电视连续剧《炽道》，段宇成酷爱跳高，后来有个队员来了之后，比他更有天赋，成绩也更好，他非常痛苦，甚至想放弃跳高事业。后来他终于想通了，自己真正热爱的是田径跳高这个事业，享受这个过程，所以他就释然了，继续投入到田径事业中去。我也突然想通了，我爱的是投资理财这个事业，是通过自己的专业知识帮客户实现财务优化，最终实现财务自由，我也收获了客户满满的信任和友谊，我在踏踏实实做自己的事情，而不是急功近利，我活得坦然而自在，客户没有选择我是她的损失。慢生活的关键是对你从事事业的热爱，热爱应该成为我们生活的底色。当你热爱，你就不再焦虑。

以过程为导向，而不是以结果为导向，你的人生才会淡定从容。焦虑的本质是我们制定各种目标，我们错误地认为，一旦实现目标就会感到很愉快，所以我们会为过程中的每一次失败体验到焦虑。但是事实上聚焦于现在的事务，慢慢享受现在的过程，一种奇妙的现象就会发生，我们所有的压力都会烟消云散。比如我弹钢琴的时候，我只专注于这四个小节的练习，我练十遍不行，练二十遍，我心无旁骛，只有攻克乐句的快感。人生也是如此，我享受现在的家庭生活，夫妻同心，上孝敬父母，下陪伴孩子，我何必去思考将来垂垂老矣，如何活下去。

慢生活，让我们真正将注意力集中到现在做的事情，以学习的心态去生活，有准备，充满热爱，反而可以有效率地完成，产生期待的结果，克服焦虑。

（本文 2022 年 12 月 22 日发表于《华侨新报》1661 期）

第二部分：书山有路

诗意地居住在蒙特利尔

《文学的故乡——莫言》读后感

最近刚刚读完《生死疲劳》,又为了纪录片《文学的故乡——莫言》重读了《丰乳肥臀》。有如下深刻的感受。

第一:我觉得对于莫言而言,他文学的故乡正是中国几千年以来的封建社会制度、后来的半封建半殖民地社会到现在的共和国。是沉重如枷锁的中国传统文化,是中国近现代既屈辱、又悲凉、又悲壮又朝气蓬勃的改革开放历史,是外强入侵、抗日战争、解放战争、土改、改革开放这些历史事件,只有中国这样的文化、历史土壤才能产生这么伟大的作家。高密东北乡只是这个一系列历史文化的一个缩影,它可以是东北、西北可以是华南、华东任何一个城镇乡村,正如他自己说的:没有中国波澜壮阔的历史和文化就没有他的创作。如果说魔幻现实主义的艺术手法,是莫言的绚丽的外衣,中国的传统文化和历史,则是他悲凉的底色。

第二个:他对人物深刻而全面的刻画。深受男尊女卑影响,普通而又自信的中国男人和屈辱一生、坚强而又忍耐的中国女人是他小说的主要角色,但从更深刻的角度上看,他的作品当中没有完全的好人,也没有完全的坏人。正如他自己所说,他用写好人的方式写坏人,用写坏人的方式写好人。上官鲁氏和七个男人生了八个女孩和一个男孩,这个角色如果从传统的意义上讲:就是一个不折不扣的荡妇,让她忘记廉耻,不断地和其他男人通奸的原因,正是中国"不孝有三,无后为大"的传统礼教。当上官鲁氏在生第八个女孩和第九

第二部分：书山有路

个男孩这对双胞胎的时候，她还不如隔壁的驴受到礼遇，没有人管他，他的丈夫、公公、婆婆都在照顾那头驴。所以上官鲁氏才会为了生一个男孩，毫无贞洁和廉耻，可见这样的礼教可以让人扭曲成什么样子。鲁璇儿也曾经是个如花少女，可惜三年无出，被婆婆嫌弃、打骂。而从小将她养大的姑姑居然主动让姑父上了她的床。在生出一个女儿之后，为了生男孩，她和郎中通奸，和瑞典传教士通奸，和和尚通奸，让人瞠目结舌。而正是这样一位母亲，莫言大力歌颂她坚韧、勤劳、乐观，她除了养育大了自己的八个女孩一个男孩，还抚养了好多外孙，经过抗日战争、土改、文化大革命，在极度贫穷的时候，卖掉两个女儿才勉强活下来。面对一系列不堪回首的过去：被人强奸，多个女儿、女婿的惨死，三年自然灾害，为了孩子去偷粮食。是她撑起了整个家庭，是多次心死之后，继续有勇气面对这残酷、龌龊的人生，这些得需要多大的勇气、内心的力量！你看莫言笔下的人物没有一个是完美的，每一个人物似乎又都有他的闪光点，比如母亲的姑父大巴掌是一个不折不扣的酒鬼、赌徒，但是他深爱自己的老婆，虽然姑姑没有生小孩，大巴掌对她还是非常敬畏。同时在上官鲁氏受到夫家残酷虐待的时候，挺身为她出头。其实人性本就没有完全的好，也没有完全的坏，遵循这个原则，莫言让他每一个人物都鲜活立体，富有感染力，沾染了深深的人间烟火气。

第三：他深谙绚丽的魔幻主义的表现手法。莫言的文学深受各国翻译家的追捧，2012 年获得诺贝尔文学奖。他的作品深受马尔克斯魔幻现实主义的影响，既是乡土的，又是国际的。比如莫言的《生死疲劳》，40 万字，地主西门闹死后经驴、牛、猪、狗、猴、大头娃娃六世轮回，写尽中国

诗意地居住在蒙特利尔

1950-2000年之间的农村的兴衰变迁，莫言作为叙事者和角色跳进跳出，太多的悲剧人物和可怜的牲畜让人意难平。蓝解放爱上比自己小20岁的情人庞春苗，放弃副县长的职位，抛妻弃子，远走他乡，清贫如洗，遭人唾弃。妻子黄合作一直不肯离婚。终于在黄合作身患绝症去世之后，名正言顺娶了庞春苗，庞春苗却不久死于车祸，胎死腹中。蓝解放的儿子蓝合作苦爱庞凤凰，却意外知道庞凤凰竟然是自己的堂妹，为情所困，开枪自杀。这让我想起百年孤独的结尾："这时，他才发现阿玛兰妲·乌尔苏拉不是他的姐妹，而是他的姨妈，而当年弗朗西斯·德雷克袭击里奥阿查不过是为了促成他们俩在繁复错综的血脉迷宫中彼此寻找，直到孕育出那个注定要终结整个家族的神话般的生物。"而堂兄妹之间孕育的儿子正是西门闹六世托生的大头娃娃，莫言不忍心让他就这样死去，还是留了蓝家、西门家一个活路。驴死于饥荒被蚕食，牛死于单干被毒打，猪死于救人，猴子死于情杀，的确是生死疲劳，一悲未平，一悲又起，这一系列魔幻现实主义的表现手法，是他让外国的读者和外国的翻译家大开眼界的原因，一个本土的作家必须同时也是国际的，才能够收获全世界的读者。

看完《文学的故乡——莫言》深受感动。一个普通农民的孩子通过这么多年的辛苦，当过兵、编辑、大学教授，这许多的身份，也没有改变他淳朴、善良的本色，悲天悯人的底色，勤奋、努力的特质和心安即佛的人生理念。莫言为人谦卑，但他的作品大胆、肆意、洒脱。当看到他登上了诺贝尔文学奖的颁奖台，接过瑞典国王授予的证书，我为他感到骄傲。莫言既有天分，也不断突破自己，期待他更多的作品。

第二部分：书山有路

读《尼采在历史的转折点》
——思考生命的意义

我从中学的时候就是尼采的粉丝，我阅读了他的大量著作，我侃侃而谈尼采，让老师和同学刮目相看，觉得作为一个中学生居然有这样的哲学水平。尼采的哲学观影响着我的人生观、价值观，我相信每个人都是一个独特的生命个体，正如周国平所说："尼采一生不倦地讴歌生命的强健和精神的高贵"，这是我渴望的自由的完整的人生。如今历经多年，上大学，再工作，再移民加拿大，我再看《尼采在世纪的转折点》，再读尼采的著作，我有了更深刻的看法。尼采34岁到44岁一个人孤独治学，最后疯狂，44岁到56岁作为精神病患者，聊度残生。周国平说"孤独让他疯狂，而疯狂终于让他摆脱了孤独"。我好想跨越几百年去拥抱他，可是我发现他其实无法和人拥抱，他和大音乐家瓦格纳都断交了，他对于朋友极其挑剔，没有人可以和他成为朋友。我从尼采的一生和著作中总结了以下几点：

其一：现代人内心充满焦虑和空虚，匆忙和热闹，随波逐流，害怕独处和独立。尼采的价值还是非常有意义，比如他强调哲学的使命是追求生命整体的意义，哲学家应该站得比时代高，立足于对一个时代精神审视和批判。尼采嘱咐我们：要成为你自己，做一个真实的自己，因为你只有一个人生。

其二：不要过于强调自己而忽略别人，不要把自己看得太高，把自己的学说看得太高。孔子说："道不远人，人之为道而远人，不可以为道。"尼采远离人群，和所有的朋友都断交了，花费10年的时间，殚精竭虑，构建了一个他理想中的和谐社会，可是再伟大的人物，也无法忍受长达十年的孤独，这是心理和生理的极限。另外正如尼采自己所说，一切认识都是透视，必须从一定的角度出发，事物不存在所谓的本来面目，因为这意味着摆脱一切视角看问题，这是不可能的。即便他离群索居，也无法客观。而他自己却希望将哲学家赶出大学校园，强行建立他的哲学体系，本身也是偏颇的。尼采的疯狂，让我们永远不要高估自己的心理承受能力。我觉得辜鸿铭在翻译《中庸》的时候，说到：伟大的智者的真正特点是能够只看到事物本质中好的一面，而非恶的一面，艾默生也说过从一个人所报希望的广博程度，我们就可以判断出其智慧。尼采太苛求于人了，他那么爱瓦格纳，因为理念不同，选择与他断交。他受益于他的恩师米切尔的推荐，24岁在瑞士巴塞尔大学就破格成为古典文学大学教授，却将学院派的学者贬得一钱不值，说他们天性扭曲，态度冷漠，感情贫乏枯燥，心灵龌龊，唯利是图。至少他的老师能够破格提拔他当教授，还是有爱才的优点。我们生于当代，有着史无前例的富庶，也看到人世间难以想象的罪恶，所以如何看到光明的一面，点亮我们的生命意义之灯，是一个新时代的智者应该考虑到的。"万物皆有裂痕，那是光照进的地方"。尼采认为生命的本质在于不断地超越，而难道他没有想过，应该超越自己的骄傲，超越自己的傲慢，去拥抱他研究的人群，去帮助他们改善自己的生存状况。老子说："上善若水，水善利万物而不争"，真正的大家应该是足够宽容，足够豁达，足够融入人群。

第二部分：书山有路

其三：不要只强调学历和忽略生存力。最近中国年轻人失业率到达 20% 以上，每年有一千多万大学生毕业，而就业率只有不到 30%。在年少的时候可以"为赋新词强说愁"，可是一旦我在社会立足，我要有养活自己的能力，我要有回馈社会的能力。如果无法养活自己，至少可以接受好友的帮助，如马克思接受恩格斯的帮助，而不是拒绝所有的帮助，贫困而终。骄傲如尼采，他如果头脑清醒，也不会甘心，疯了之后的余生，靠妹妹和母亲养活。在加拿大，孩子从 14 岁就可以工作，无论去麦当劳，去咖啡店，只要工作就能养活自己。最近连大作家余华都呼吁要提高大学生的就业率。"脱下孔乙己的长衫"被认为是一个无奈的选择，但是放下光鲜亮丽的工作岗位，先养活自己，我觉得这是一个进步。大学生、研究生、博士生只是比别人多读了几年的书，没有什么了不起的，会考试、会学习而已，没有必要太高看自己，要求社会给一个好工作，是否能够创造价值，更加重要。我在加拿大当金融理财顾问 15 年，见过形形色色的客户，一个客户学的是法律本科，第一年见到他是一个管道工，第二年是一个餐厅服务员，第三年是 TD 银行的贷款经理。你有生存的能力，这也是你的能力，脱下长衫，你能工作，能创造价值，比你拿着文凭，加入啃老、失业大军要更有价值。

其四：尼采是一个追求才华的人，他是伟大的诗人、哲学家、文学家，他还会作词、作曲。我觉得现在的社会不应该过于追求才华而忽略道德。北大学生吴谢宇用哑铃锤杀母亲，最近二审维持死刑判决。这个北大的高智商犯罪，杀死母亲之后，还骗亲戚朋友 144 万，嫖妓，流亡多年被捕。这样的倒行逆施，令人发指，我们中国家长看重分数，追求才华，忽略道德教育，有很大的关系。先要教育良好的道德，才是分数、才华，才可以立足于社会。号称女版乔布斯的美国美女总裁伊丽莎白福尔摩斯（Elizabeth Holmes），用一滴血的故事欺骗了整个投资界，狂揽40亿。她号称用一滴血就可以检测上百种疾病，被证明是彻头彻尾的骗局。这是距离2001年安然破产案之后最大的金融骗局，这个伊丽莎白就是安然公司副总裁的女儿，所以这个父亲培养了一个优秀而没有道德的女儿。她是斯坦福大学生，年轻、漂亮，却最后锒铛入狱。赚快钱，缺乏道德底线，虚假骗局，终究长久不了。我们的年代应该加强道德教育，否则培养再多优秀的人才，只是产生更多的恶魔。

其五：李白参透的人生："生者为过客,死者为归人。……前后更叹息,浮荣何足珍？"广袤的时空之间，人生不过是一个过客，所有的荣华富贵如过往烟云。但生命终究是有意义的。我觉得中国哲学儒道释三家，比较容易自洽，"行至水穷处，坐看云起时"，"穷则独善其身，达则兼济天下"，中国的知识分子比较能够适应生存的环境，诸葛亮可以鞠躬尽瘁，死而后已，也可以纵情山水田园。正如24岁的王勃在《滕王阁序》中，已经认清"时运不济，命运多舛，冯唐易老，李广难封"的残酷现实，还依旧说出那句"老当益壮，宁移白首之心，穷且亦坚，不坠青云之志"。苏东坡：问汝平生功业，黄州惠州儋州。这三地是他贬官之地，也是他一生中遭受苦难，最黑暗之时，而他和当地百姓打成一片，办学堂，兴修水利，成为当地文化的开拓者，泽被千年。并达到了他本人文学的巅峰。这是一心追求哲学真意的尼采无法体会到的成就和快乐，一个人的伟大一定是奉献式的，为他人、为城市、为了改变人类的命运。

30年前读尼采还是一个学生，我钦佩他的才华，欣赏他的观点，30年后读尼采，世界已经完全不同，现代人类更加浮燥、焦虑，人首先要做一个独立的有个性的个体，另外人需要面对纷繁杂乱的世界，更加乐观地看待事物，需要有基本的生存能力，需要有道德观，需要有面对人生的坦然和力量，真正伟大的人一定可以为了改变人类的命运而奉献自己的才华。

（本文发表于《华侨新报》2023年6月22日1687期）

《第二性》和波伏娃

——通过波伏娃的一生来看《第二性》的哲学意义和现实意义

我看了多遍《第二性》和凯特·柯克帕特里克的传记小说《成为波伏娃》，做了上万字的笔记，在蒙特利尔采访了不少女人和男人，并做了个主题演讲，参与了激烈的讨论。这么多年过去了，女性平权取得了进步，但是很多问题并没有得到真正的解决。

西蒙·波伏娃说：我的人生历程本身就充满了问题，我不需要给人们解决问题。她的一生本就是矛盾的一生，理智和情感碰撞的一生，她是一个伟大的女人，推动了女性的解放，也是一个普通的女人，有着普通的情感和局限。

有人在抨击波伏娃的一生，波伏娃是个双性恋者，有很多情人，爱了不少男人，这似乎混乱的生活方式让读者怀疑甚至拒绝她的思想。但是波伏娃的思考是深刻的，如果因为这个人而否定她对女性解放的成就，是肤浅的。弗朗西斯·培根晚年因受贿而判有罪，但这不能否认他是一个伟大的哲学家、政治家和科学家。雨果一生也风流成性，到处留情，据说还被捉奸在床，这并不妨碍他是一个伟大的作。当然最好是有好的私德，但是为什么作为波伏娃，会因为一个女人的私生活而否定她在法国哲学、文学和女性解放上做出的贡献。是不是说明在这个问题上，女性还是第二性的他者？

《第二性》的主要框架分为上下两卷，第一卷：是事实与神话，包括第一部命运、第二部历史、第三部神话，非常难懂，作为哲学家的波伏娃旁征博引海德格尔、弗洛伊德、恩格斯等等思想家的观点，再抨击，再用存在主义的观点重新建构自己的理论，反复强调这个世界为什么总是属于男性，男性为什么是主体，女性如何成为客体和第二性。

第二卷：实际体验。第一部成长，第二部处境，第三部辩解，第四部走向解放，比较好懂，大量真实和小说中的案例，分析女性的成长过程，各种女性角色的特点，波伏娃认为女性气质不是一种天性或者本质，女人不是天生，而是后天形成的。是由"整个文明和文化用几个特定的心理标签建构出来的境况。"

从波伏娃1986年去世到现在，女性的境况越来越好，男女平等已经写进了大多数国家的法律。女性都能够接受教育，拥有更多机会，女性上大学的比例早就超过了男性。但管理者、企业家、科学家、政治人物的顶尖人物，依旧是以男性为绝对的多数，这个世界还是男性拥有了绝对的话语权。女性在大学教育之后，似乎就开上了慢车道，甚至停止不前，真正的转折点在于女人开始毕业工作，面对事业、爱情和家庭的选择的时候。而波伏娃对于这个问题的思考和自身的选择，对于女性有很好的借鉴意义。

纵观波伏娃的一生，父亲是一个贵族的次子，母亲来自资产阶级，.母亲在修道院长大，要求非常严格，波伏娃度过了一个饥渴阅读和幸福的童年，11岁开始家道中落，父亲开始酗酒、家暴、嫖妓，没落贵族变成了一个地地道道的渣男，母亲作为家庭妇女，只能接受，争吵不断，鸡犬不宁，幸亏波伏娃酷爱读书、写作，成为哲学老师，一生经济独立、情感独立。关于事业，波伏娃一直有梦想，在她遇见萨特之前很久就知道她想做的事情！对波伏娃而言，工作是她财务独立，精神独立和情感独立的基础。女性需要工作，而不是回归家庭，才能在这个竞争的社会，保持独立的判断力。波伏娃一直都有自己的事业，一生都在坚持哲学研究和文学写作。才能成功地保持独立的思考能力。

关于爱情，波伏娃写道，女性在孩童时代还有一些自主权，但是长大后就被鼓励为了幸福和爱情放弃这种自主权。而波伏娃认为"爱情必须是对等互惠的，爱人必须是自由的，拥抱彼此的价值，当他们涉及到性，必须是主体而非客体。"但是波伏娃也深刻认识到女人对爱情身心的全部奉献，毫无保留，爱情成为她拥有的唯一信仰。至于男人，如果他爱一个女人，他想从她那里得到的正是这种爱；没有男人会为了爱情完全舍弃自己。这种付出上的不对等，让女人深陷其中，痛苦不堪。

波伏娃一生都有情人，萨特并非唯一，她在20多岁左右遇到萨特，缔约情人关系，相爱相杀，直到萨特去世。萨特是她思想上无与伦比的朋友，他们的联结是一种智识上的深厚友谊，但爱情有排他性。作为哲学家。波伏娃是理智的，她对男女关系洞若观火，但是波伏娃是有真实情感的，她本质上也渴望忠诚，渴望长久的关系，她也会妒忌，也会伤心。

波伏娃是超越爱情的独立女性，即便波伏娃死的时候带着阿尔格伦送的墨西哥戒指，她也没有为了阿尔格伦放弃在巴黎的工作和写作。他不想离开芝加哥，而她也不想离开巴黎。她爱他，但是她不能把自己的生命全部给他，她不能只为幸福和爱而活。

第二部分：书山有路

所以真正的独立女性不可能是恋爱脑，不可能为了爱情付出所有，她们会以自我为中心，不希望牺牲自己而成就爱情。最后她和阿尔格伦聚少离多，爱情也是无疾而终。

关于家庭，波伏娃自己恐惧家庭，可能和她11岁之后的父母无休止的争吵，父亲极其不负责任有关系。已婚女人要在家务劳动上花大量的时间，如果这项任务再加上一门职业的话，甚至再有孩子，那就很沉重。这就是很多职业女性权衡再三，选择回归家庭。

我尊重所有女性对于家庭的选择，单身、单亲母亲、结婚丁克、结婚生子、同性恋情侣同居，同性恋结婚，只要能够无怨无悔，就无可厚非。

波伏娃对家务劳动和家庭妇女做了非常大量负面的描写。波伏娃先将家务劳动恐怖化，甚至把家庭主妇的劳动比喻成西西弗的酷刑。家庭妇女妖魔化，称家庭主妇在原地踏步中变得衰老。这个观点是有失偏颇的。事实上没有人阻碍家庭妇女成长。我总是在家务劳动的同时学习，一边听微信读书，一年可以听至少52本书，所以对我而言，这是我在读书的同时，顺便做了一个家庭劳动，就少有那种家务劳动的挫败感，因为你还在学习，还在进步。现在大量的音频资料可以让我们在做家务利用碎片时间学习。当然这只是家庭妇女的自救，我们不让自己沉没在无休止重复的家庭劳动中，更重要的是男人的参与和合作。我参与讨论的时候看到男生根深蒂固的观念，今天的男人和二十年前一样，还在狡辩说：我们不善于做家务，就把家务推给女性，甚至女性也认为男人不该困于家务事中。如果夫妻双方都愿意承担家务，那家务劳动就会减轻一半，还可以成为男女感情的润滑剂。如果连波伏娃这样的智者都害怕家务劳动到这样的程度，为什么男人不可以勇敢地承担起来至少一半的家务量，这社会本来就是一个合作的游戏，男人让女人恐惧婚姻，选择孤独终老，损失的也是整个人类。男人的集体无意识是以各种理由躲避家务劳动，让女人害怕踏入家庭。女性所求不多，只是平等地承担起家庭的责任。

最近热播的电视剧《好事成双》中，家庭主妇林双在丈夫卫明出轨之后，勇敢离婚，事业成功，还和暗恋她15年的硅谷才子顾许喜结良缘，我发现弹幕上写着"顾许只有天上有，人间处处是卫明"。现实生活很残酷，一个脱离社会还有孩子的家庭妇女想要事业和爱情双丰收谈何容易，通过一个优质男性摆脱渣男的办法，还是摆脱不了女性是客体，女性是第二性，这种骨子里的想法。女人只有像波伏娃一样事业独立、经济独立，才可能真正有独立的人格和底气。

波伏娃1970年出版《老年》，探讨了老年的意义、挑战和人生的最后阶段，发现即便是男人在这个阶段也被定为次等人，萨特也不例外，很多男人似乎对这个阶段充满恐惧，但是女性反而更加自信，积极面对衰老，如《暮色将近》的作者戴安娜·阿西尔在89岁的时候还坦率谈论自己的衰老，幽默风趣，自信豁达。所以在这个终极对决中，年迈的男人是个弱势群体，今天男人似乎应该为他们的将来积累一些善意，多做一些家务，互相协助，才可以平稳过渡吧.

萨特说：没有什么能定义我们，甚至是残酷的考验，除了我们的选择和体现这些选择的行为。我们可以选择做家庭主妇、职业女性、独立女性，我们的选择定义我们的人生，但是波伏娃比萨特更深刻地认识到：如果我们只顾及自己，而不理会他人，这是一种唯我论，只有与他人一起，我们才能实现某项事业、某个价值观，甚至改变世界，这是波伏娃对萨特的存在主义的观点提出的批评。女性的解放和平权，从来都需要女人、男人、社会的共同努力。释放女性的潜力，女性尤其是受过高等教育的女性，不应该囿于家庭，才能真正解放生产力。我们渴望的妇女平权，从来不可能是女人的孤军奋战。比如加拿大魁北克省托儿费非常低，一个月才一百多加币，导致魁北克是整个加拿大女性就业率最高的省。反观美国有多少职业女性，因为高昂的托儿费，选择回归家庭，所以一个有利于女性的社会福利制度改变了当地女性的命运。

萨特死后，巴黎的有些讣告没有提到一次波伏娃。而波伏娃的讣告一直在提萨特，甚至篇幅盖过了她本人。即便在死亡中，她还是第二性，次于萨特。但波伏娃从来都是独立的思考者，是萨特思想的灵感来源。女人是第二性的观念有根深蒂固的文化、历史烙印，波伏娃唤起了女性意识的觉醒，但这需要长期社会的变革和男性意识的觉醒，女性和男性才能真正双赢。

（本文发表于《华侨新报》2023 年 10 月 19 日 1704 期）

诗意地居住在蒙特利尔

行至水穷处，坐看云起时

——从西蒙·波伏娃的《第二性》分析《暮色将尽》作者戴安娜·阿西尔的一生

小说家安德烈·纪德问:为什么书籍里对老年人的描写那么少，"这是因为老年人不再能写了，而人们年轻时不愿费心谈论老年"。但是89岁的戴安娜阿西尔凭借《暮色将近》这部老年回忆录获得了2008年的科斯塔传记奖（Costa Book Awards）。戴安娜·阿西尔是一位英国杰出的文学编辑，被称为二十世纪最杰出的编辑，毕业于牛津大学，从事编辑工作50多年之久，她发现了不少文学大家，其中就有西蒙·波伏娃，她76岁退休，一生未婚，无儿无女，退休之后又开始写作，写了一些小说和多部回忆录。其实这样一个老太太按照中国的传统观念，是未婚无子的一个孤寡老人，让人同情可怜，但却活出了精彩。她说:我一生中从未像现在这样舒服地长久地享受过自己，她安然接受自己的命运，第一个男朋友出轨，她对婚姻失望，就没有坚持走进婚姻，她和安德烈多伊索奇是一生的合作伙伴，曾经短暂相恋，却又能分手后再合作为独立出版公司的合伙人，50多年亲密合作。而后做过小三，缘来则聚，缘去则走，也没有强求什么。怀孕流产，她反而欣喜而非悲伤，她说自己重获自由，接受自己没有孩子的命运，自认自私与懒惰。和最后一个性伴侣一位黑人男友分手，他们也是自然分手，没有痛苦，只是在他心脏病去世的时候，开始缅怀。看似躺平、摆烂的人生,却有着中国哲学"行至水穷处,坐看云起时"的从容和淡定。这是怎么形成的,从波伏娃《第二性》的分析中,我得到了以下启示:

第一:女人的确不是天生的,是后天形成的。

波伏娃在《第二性》第二部成长第一章童年指出"女人不是天生的,是后天形成的。"任何生理、心理的、经济的命运都界定不了女人在社会内部具有的形象,是整个文明设计出这种女性的中介产物。女人是一步步被后天塑造,的确如此,不是每个女人都会成为恋爱脑,会为了家庭放弃事业。波伏娃曾说:女人对爱情是身心的全部奉献,毫无保留,她的爱情成为一种信仰,她拥有的唯一信仰。我觉得女人如果越早觉醒,自己作为一个独立个体,她就会在人生道路上对爱情和家庭有更清醒的认识。而和波伏娃相比,她一生并没有和萨特那样的伴侣牵肠挂肚,所以作者表现得比波伏娃更随遇而安。正如作者在被未婚夫保罗抛弃之后,她也曾经有过"透心悲凉的无眠之夜",她就深刻地意识到"男人其实很容易对女人不忠",这就是她对爱情幻灭的开始,也在两次伤心的恋爱之后彻底放弃了浪漫的爱情。智者从此再不坠入爱河,正如她说之后的爱情没有一次走到足够伤害我的程度,她介入别人的家庭,作为第三者,也从未心生愧疚,因为我从来没有想过破坏别人的婚姻。这就是她为什么会如此淡定,是因为她不再相信爱情,也不再会被爱情所伤害,也不会为了爱情要死要活。我一直强调,失恋要趁早,这样对爱情会有一个更清醒的认识,对婚姻、人生会有一个更正确的选择,不会成为视爱情为生命的恋爱脑。

对于性,她显得更加开放,她认为"女人其实也能不谈爱,仅仅因为性就可以燃烧",所以她在恢复了人类动物本

诗意地居住在蒙特利尔

能的同时,也最大限度延伸了她的性事,她那未被压抑的性的需求得到满足。她在60岁的时候,萨姆成为她生命中最后一个性伴侣,外表帅气,身材高大,举止优雅,亲和力强,通情达理,性生活长达七年之久。作为一个教养良好的白人女人,她给足了萨姆面子,萨姆也让她性生活满足,这也是让她幸福长寿的原因。关键她们谁都不想爱上对方,为对方负责,这就是人们眼中典型的渣男、渣女,但是他们和谐的性生活让她拥有了本应该属于年轻岁月的东西,点燃了她这个女人。以致于在他死后,她还怀念他光滑、凉爽、健康的皮肤,他清爽好闻的味道,他们手指相扣,亲密缠绵的时候。

西蒙·波伏娃认为:传统婚姻并不激励女人同男人一起超越;它把她禁锢在内在性中,很少任务比家庭主妇的劳动更像西西弗的酷刑了;日复一日,家庭主妇在原地踏步中变得衰老。传统的女性一般一生一个性伴侣,生儿育女,为家庭付出所有。和波伏娃一样,戴安娜也放弃了这种传统的家庭生活,认为自己不适合婚姻,厌恶占有和被占有,觉得"想成为某人的唯一"这种高于一切的想法是神经质的、不健康的。婚姻困难重重,她完全缺乏热情。她既渴望享受爱的果实,却并不需要在厨房里艰苦努力,自己最合适的角色显然是做第三者——相互喜欢而不至于相互迷恋,跳出这样的社会赋予的妻子和母亲的智能。一生有多个情人,性伙伴,这种非传统的生活,可能会被传统保守的人所诟病,但这也是越来越多独立女性的一种选择。一般的女人会更在意婚姻的名义而非自在的两性关系,小三的奋斗目标就是上位成为合法的妻子,很少有人如戴安娜活得如此通透。

第二:波伏娃说:女性状况在经济上的演变,正在动摇婚姻制度。经济独立是女人独立人生的底气。波伏娃说:"十

第二部分：书山有路

八岁至三十岁之间，这是决定职业生涯的未来的时刻。不论女人生活在父母家里，还是结了婚，她周围的人很少会像尊重一个男人的努力那样尊重她的努力"。幸亏阿西尔出生在殷实的知识分子家庭，她父亲从小就教育她必须靠自己谋生，她先在 BBC 新闻部工作，而后创立出版公司，一位伟大的编辑，她帮助《藻海无边》的作者简里斯，冒着被禁止出版的风险也要帮助诺曼梅勒出版《裸者和死者》。所以她用她的事业支撑起了她的精彩人生，而这就是她人生的底色。

现代经济的发展，尤其是互联网经济的发展导致智力而非体力是决定男女事业成功与否的关键，而女性上大学的比例早就超过了男性，所以如果女性愿意坚持事业，不被家庭和孩子拖累，她一样可以达到非常的高度。波伏娃是一个例子，戴安娜阿西尔也是一个例子，我们也需要独立的女性哲学家、文学家和编辑。由于她事业有成，她才能够有独立的收入，独立的经济地位，独立的人格，独立的人生，这是她生命的底色。

第三：终身学习，文学治愈人生

作为一位优秀的编辑，76 岁才退休，一生都和文学打交道，吸取了营养，她退休后更是自己创作，89 岁的戴安娜·阿西尔凭借《暮色将近》这部老年回忆录获得了 2008 年的科斯塔传记奖（Costa Book Awards），这就是英国一个重要的文学奖，并且还获得美国书籍批评大奖（Natioanl Book Critics Circle Award），事实上她写了 9 本回忆录，这是第六本，最后一个写于 2016 年，Florence Diary，那年她 99 岁。她老了还学习绘画、裁缝和园艺，没有停止用脑和享受智慧。

第四：人应该优雅老去。

波伏瓦认为年龄歧视和性别歧视在老年经常同时起作用。无论是老年的女人和还是老年的男人经常被禁止参加新的项目和拥有新的可能性。

戴安娜·阿西尔被一个更伟大的女人103岁爱丽丝的故事激励。爱丽丝出生在布拉格，是犹太人，是一个非常出色的钢琴家，1939年希特勒入侵布拉格，她和儿子、丈夫被关进在集中营呆过，丈夫死在集中营，她搬到了以色列，儿子65岁突然去世，中年丧夫，老年丧子，人生至痛，但是她在103岁的时候还有灿烂的笑容，她说她到现在依旧记得在集中营唯一善良的纳粹邻居。在103岁她还每天弹三个小时的钢琴。她说：我了解所有事情的坏的一面，但我只看好的一面。正如戴安娜认为：所有的幸事中最幸运莫过于天性达观，这对于老年人来说也至关重要。

戴安娜·阿西尔还和大量的年轻人在一起，她认为会产生一种反作用力，抵消老年生活中的不快。突破自己感知的局限，知道有些人的生活才刚刚开始。意识到自己是生命这条宽阔多彩河流的一部分，这条河流充满了开端、成熟、腐朽和新生，我们是其中的一部分，我们的死亡也是其中的一部分。

她在作品中大谈死亡，回忆她外婆、父亲、母亲的死亡，她兄弟的死亡，她坦言一个人如果年过八十，就没有理由抱怨死得太早，并认为自己继承了轻松辞世的很多可能性。

她觉得没有孩子的确一件憾事，但是她从不后悔，她认为天天看着不好的一面是相当无聊的事情，挖掘过去的内疚对于老年人没有什么意义，现在只关心如何度过当下。的确幸福需要活在当下，要获得绝妙的体验，欣赏周遭一切美好的事物，必须对现状常常怀有感恩之心。

真诚是必杀技，因为她在文中大胆谈论自己的隐私，承认自己的懒惰和自私，所以不想要孩子，说破无毒，在文章中她坦然面对自己，她的坦诚感动了读者。

"行至水穷处，坐看云起时"，和波伏娃相比，戴安娜有更幸福的童年，她用童年治愈她的一生，所以她比波伏娃更加豁达，更加随遇而安。波伏娃必须用力很猛，才能对抗自己悲伤的童年，她和萨特相爱相杀一生的爱情，她和阿尔格伦异地相处，无法结婚的现实。而戴安娜不同，她从小衣食无忧，牛津名校毕业，工作顺利，一直有自己的事业，作为一个经济独立的女性，她获得了精神独立和情感的独立，她也没有刻骨铭心的爱情，或者说她早早放弃了对爱情的幻想，她在爱情幻灭之后，享受爱情和性的快乐，自在优雅地老去。

（本文发表于《华侨新报》2023年12月21日1713期）

诗意地居住在蒙特利尔

卡拉走后怎样,加拿大版的《玩偶之家》?
——读爱丽丝·门罗《出走》有感

爱丽丝·门罗是当代短篇小说大师,特别擅长描写小镇男女的生活。卡拉是门罗《出走》中的一个人物。她的一生中有两次出走,一次是18岁厌倦了自己的家庭,"她看不起自己的父母,烦透了他们的一切,"渴望过一种更为真实的生活,从父母家跑走了,和马术训练师克拉克私奔。第二次是结婚后,她从脾气暴躁,对自己缺乏关爱的克拉克那里出走,在邻居西尔维娅的启发和帮助下,坐上了开往多伦多的大巴,但这次她没有出走成功,她在路上就跳下大巴,要克拉克接她回去,后来克拉克也调整了自己,两个还是生活在了一起。作品通过详细的心理描写,和细节描述,描绘了卡拉对现实的不满,对过去的眷恋,对未来的盲目期待,客观反映了卡拉所处的环境像一张编织细腻的网,本来就弱小无助的她深陷其中,又试图摆脱,又无奈选择回归的迷茫。

这让我想起了剧作家易卜生的《玩偶之家》中的娜拉在对丈夫海默极度失望的情况之下,离家出走,楼下的大门砰的一声关上了,易卜生给了一个开放的结局,娜拉说"你我都必须脱胎换骨,变成完全不同的人","改变到你我都能成为举案齐眉、相敬如宾的夫妻才可能考虑回头的奇迹。"和卡拉相比,娜拉的出走更加勇敢,她看清了夫妻之间八年的夫妻生活不过是一场梦,这个口口声声爱自己的丈夫在遇到风险的时候,面目狰狞,判若两人。即便是她为了给他治病才伪造已死父亲的签名，让海默被下属威胁勒索。丈夫解除风险之后，温柔如初，但是娜拉再也无法接受这样一个视她为玩物的丈夫，毅然出走。她赌上了自己的将来，放弃了"对丈夫和儿女的"最为神圣的职责，所求的是一个对自己的职责，努力争取做一个有独立人格的人。这是一个女性意识的彻底觉醒。这部小说写于1879年，这个时候，女人连独立借钱的能力都没有。而罗门的《出走》写于2004年，卡拉相比之下个性单薄而单纯，她没有出走成功，最终她接受这个扼杀自我的婚姻，自我消失而不自知。我有些悲哀地发现，100多年过去了，有些男性还是自以为是，视女子为玩偶，缺乏对女性骨子里的尊重，而女性也没有因为广泛的就业，平等的法律环境，有了出走的底气和能力。

然而鲁迅先生1923年专门写了一篇《娜拉走后怎样》，并不看好娜拉出走的结局，认为她有出走的勇气，却未必有出走的能力。他悲哀地预测"娜拉或许也实在只有两条路：不是堕落，就是回来"，还有一种就是饿死，娜拉在他的眼中不过是一个渴望自由的笼中鸟，外面有的是老鹰和猫，一个早已忘却飞翔的鸟，终究是无路可走。

梦醒了无路可走，这是娜拉和卡拉的共同悲剧，出走需要有心有力，娜拉是有心无力，而卡拉则是既无心也无力。

《出走》这部小说，似乎总有一条暗线，隐隐约约，而寓意深远。卡拉在小说中多次梦见她心爱的小山羊，第一个梦中，弗洛拉含着红色的苹果上了卡拉的床，亚当、夏娃就曾经偷吃禁果，苹果在这里是象征一种新的生活的诱惑。而第二个梦是受伤的弗洛拉将卡拉引到铁丝网的眼前，引诱着卡拉的逃离，这说明卡拉希望摆脱现有困境，这是她潜意识里强烈的要求。而这小羊，她明知道克拉克见过，可就此消失,他可能通过这个可怜的生命来泄愤,将它残忍杀害了,而卡拉连问也不敢问,极其懦弱和卑微。不幸的婚姻,一个男人根本不会在乎你在乎的小山羊,而是无声无息地扼杀。这是一个细思极恐的真相。这是门罗比易卜生更巧妙的暗线描写。

相比两个出走,我有以下感悟:

第一:女人要有经济的独立。鲁迅说:在目前的社会,经济权就见得最要紧的。在家应该获得男女平均的分配,在社会应该获得男女平均的权利。正如卡拉呜咽起来:"只要可能,我会付出一切代价这么做的,可是不行啊。我没有钱。这个世界上也没有任何地方可以投奔"。她和丈夫共同经营着马术学校,却身无分文。她出走得匆忙,得到的是朋友的同情和接济,而非自己可以验证的经济独立的能力,所以她是缺乏底气的。

第二:女人要有独立面对生活的勇气。

卡拉在大巴上哭泣起来,她将无法面对没有克拉克的生活,自己的命运掌握在手里,她总是想象有什么东西来代替她的位置,而这个别的东西或者别的人成为一个清晰鲜明的挑战。正是这对陌生世界的恐惧,让她在生命中的紧要关头在大巴上大喊一声"放我下车"。这一喊,一个出笼的鸟儿失去了振翅高飞的勇气,而她打给克拉克的电话"来接我一下吧。求求你了。来接接我吧"彻底乖乖地回到了笼中。关键她并没有把个人的独立和自由放在一个最重要的位置,正如她自问,"她干嘛要去找个工作,去挣饭糊口,还要让公共交通把自己运来运去。"一个18岁离家出走的女孩,一个从一个家庭的樊笼,再进另一个家庭的樊笼的鸟儿,没有独立生活的经历,没有受过高等的教育,没有独立生存的能

第二部分：书山有路

力，就没有独立面对生活的勇气。可是她是心痛的，她并非安心做一个玩偶，不再思考一个远方的天空。卡拉在出走失败之后，"总觉得肺里好像有一根凶险的针在刺着她，就可以避开这种刺痛，可是每隔一会儿，她就得深吸一口气，那针还在那里。"那是一个玩偶的无助和绝望。娜拉走得很果决，她留下了结婚戒指，放弃了丈夫对她应该尽到的赡养义务，毅然决然地离开。虽然海默将她视为玩偶，她一直把自己放在一个平等的位置，为了丈夫的身体健康，敢于借钱，甚至伪造签名也在所不惜，出事之后，她甚至想过自杀来挽救丈夫的名声，她有一份她的勇敢和责任心，这是这个角色在文学史上熠熠生辉的原因。

西蒙·波伏娃在《第二性》中指出"少女从娘家和母亲的控制中摆脱出来，不是通过主动的征服，而是通过在一个新主人的手中重新变得被动和驯服，为自己开创未来的"，卡拉正是这样，她把保障自己幸福的权利交给了她认为比她更高的阶层：丈夫克拉克来操心，"缺乏自信的深刻原因是女孩认为自己不用对未来负责。"

第三：选择比努力更重要。

在自强不息的同时，女性必须找一个尊重你的正直的配偶。在这个问题上，选择比努力更重要。找一个像《飘》里的白瑞德那样懂得郝思嘉，并给她足够的尊重的配偶。找一个像《傲慢与偏见》达西先生那样真诚善良和慷慨大方的男性。克拉克自私、贪婪，他居然想利用已经逝去的作家贾米森对自己妻子的骚扰，去敲诈遗孀，这是一个怎样没有底线的"龌龊"男人，《玩偶之家》中的海默也是如此，一旦出了问题，第一反应就是推卸责任，内心是阴暗和残忍的。一个好的男人是一个幸福婚姻的起点，而一个品行恶劣的男人

诗意地居住在蒙特利尔

是一个破碎爱情的终点,所以擦亮眼,才能有一个美好的婚姻。

萨特说:人无法避免选择,必须通过道德选择造就自己,而他的选择涉及到整个人类。两篇关于出走的文学作品,我们很容易爱上娜拉而轻视卡拉,我们更喜欢那个高喊"真理的精神和自由的精神才是社会的支柱"的易卜生。他在《玩偶之家》中揭露和批判了资产阶级虚伪的嘴脸,把希望寄托在具有反叛精神的娜拉身上。但没有经济的独立,自由终如雾中看花,水中望月。她一个人的选择对于整个人类来说,也是渺小的。而作为诺奖得主,门罗写尽小镇故事,没有一个女性是出走成功的。门罗可以大笔一挥,让一女性冲破重重藩篱,奔向自由和幸福,可门罗一次也没有。其实这种写法更难能可贵,出走容易,出走之后怎么办?拉回现实这就让我们反思,知易行难,自由的精神和独立的人格,在门罗笔下非常难得。

21世纪了,为什么女性的自由和独立还如此艰难。我们看到的是一个孤独的娜拉,而在门罗笔下我们看到的一个个企图突破樊笼,虽然失败,但是更有意义,那是女性开始集体突围。另外门罗并不执着于此,她并不把自由、独立放在第一的位置,比如她对大学教授贾米森太太西尔维娅也微具讽刺和调侃,"女皇"、高级知识分子、熟读《第二性》,她的归宿是嫁了一个比她大二十岁的诗人,早早就守寡了,这不是一个高人一等的人物设定。在门罗看来,宁为玉碎、不为瓦全还是行至水穷处,坐看云起时,直面惨淡的现实还是妥协,其实并无高下之分。一个开始新的生活,艰难度日,终获自由,却未必获心中所爱的卡拉,比一个在小镇平庸无奇、终老一生的卡拉未必高一等。人生本就多个维度,无高下之分。离家出走的娜拉英勇决绝，可留下三个孩子，是否将自由放在一切之上，而忽略孩子的幸福成长。我想自己作为一个有经济独立能力的女性，虽然有出走的勇气，但是我会将母亲的角色放在妻子的角色之上，我无法想象放弃孩子而追求无杂质的爱情。萨特说：每次选择都是一次价值判断，孰轻孰重，本无高下之分。为了孩子们维持家庭稳定，也未必比出走的娜拉更低人一等。人生本是妥协，是求最大的价值而放弃次要的价值。做出选择就不必后悔，人生路只有一条。

总而言之，女人的出走太过艰难，她需要经济独立，需要有勇气，而她一生的羁绊太多。女人、男人互相试探和角力千年，女人一点一点获得了更多的空间和自由，还需要几代人的努力，探索出一条自由、幸福的出路。

（本文发表于《华侨新报》2024年2月22日1722期）

第三部分：情到深处

第三部分：情到深处

想家的感觉

2004年9月我们正式登陆加拿大，至今已经快一年了。来时豪情壮志。今日，我们在加国度过了第一个中秋节，"皎皎空中孤月轮"，一种想家的感觉沁人心骨。

想家的感觉是川江水煮鱼辣人的味道，想家的感觉是内蒙古小肥羊满屋的香味，想家的感觉是北京王府井来自全国各地的小吃，想家的感觉是珠海渔村刚刚从海里捞起来的海鲜。想家的感觉是元宵节的汤圆，是端午节的粽子，是中秋节的月饼，是除夕妈妈张罗的一桌团圆饭和亲手包的韭菜水饺。想家的感觉是珠江河畔"塞纳河咖啡厅"的琴声，想家的感觉是特意乘船过渡去广州鹿鸣酒家喝早茶的雅兴，想家的感觉是在白云山上可眺望广州全景的茶艺馆旁的袅袅山雾。想家的感觉是上海淮海路上的法国梧桐，是席家花园餐厅的精致小菜，是衡山路酒吧里的喃喃细语。

想家的感觉是汉赋乐府，是唐诗宋词，是明清小说，是现代散文。想家的感觉是登楼望月，忍不住吟诵"衣带渐宽终不悔，为伊消得人憔悴"，想家的感觉是中秋节反复叹道的，"明月几时有，把酒问清天，不知天上宫阙，今夕是何年"，想家的感觉，是清晨读书，驻足湖畔，"无可奈何花落去，似曾相识燕归来，小园香径独徘徊"，想家的感觉是读不厌的《红楼梦》，满脑子的金陵十二钗的才情，海棠诗社的佳句，想家的感觉是朱自清的《荷塘月色》。想家的感觉是广州购书中心琳琅满目的中文图书和擦肩而过的人群。

诗意地居住在蒙特利尔

想家的感觉是妈妈临别前的唠叨，是爸爸风趣的话语，是和弟弟搭肩搭背一起逛街，是两岁的小侄子呀呀学语，想家的感觉是婆婆默默加固缝好的扣子，想家的感觉是闺房的耳语和体己话，想家的感觉是看着大学同学毕业十年上海聚会DVD光碟的热泪盈眶，想家的感觉是五个好姐妹一起照艺术照时候的妩媚多姿，想家的感觉是十几个同事一起爬西岳华山时候的欢声笑语，想家的感觉是临别前的一个月的湖吃海喝。想家的感觉是召开民主党派会议时候参政议政的豪情。想家的感觉是南昌的青山湖畔父女手挽手的散步，是上海黄浦江两岸的夜景，是珠江河畔的邮轮夜游。

想家的感觉是《汉武大帝》60集的鸿篇巨制，想家的感觉是看《天下无贼》贺岁大片电影院爆笑的现场，想家的感觉是每年春节晚会的歌舞升平，想家的感觉是《结婚十年》的细琐和平淡，想家的感觉是星海音乐厅灯火通明、高朋满座、胜友如云的音乐会开幕前的热闹，想家的感觉是萨马兰奇宣告2008奥运会在北京召开时的欣喜若狂，想家的感觉是广州获得亚运会主办权时的满天烟花，想家的感觉是元宵佳节珠江河畔的龙舟表演。

我生在南昌，求学在上海，工作在广州，对于这三地都有着思念和眷恋，因为都有成长的回忆，有相知相惜的亲友，有必要前去一会的知己。移民来到蒙特利尔，我们浸染在欧美文化的氛围中，留恋忘返，我们装上了有线电视，可以收到来自加拿大、美国、法国的近百个电视节目，我们订阅了 *La Presse* 这个北美最大的法语报纸，了解本地和国际的大事小情，我们交了很多老外朋友，我们走遍蒙城的大街小巷，我们游览加拿大的山山水水。我们喜欢英语，热爱法语，却越来越发现植根在我们内心深处，挥洒不去的是中文和中国

第三部分：情到深处

情节，以前那些耳熟能详的诗句，以前那些尘封的往事，以前那些举手投足之间一触而即的东西，如今却成为我们最难以割舍的情感和怀念，在这中秋的时节，想家的感觉是这样的透彻心骨，难以忘怀。

诗意地居住在蒙特利尔

今天送儿子回中国

今天凌晨五点送13个月的宝宝回中国,送到机场,为了多看他一回儿,你没有坐朋友的车回来,而是一直送到他到送行处,然后坐了一个半小时的大巴,晃荡晃荡回到家中。路上,你忙着看书,不去想他。等回到家中,你发现什么叫一种无法言传的悲哀,你的心空空的,你不想打电话,不想向任何人倾诉,你将自己关在家里,让自己忙着,复习考试,整理衣物,打扫房间。因为你害怕一旦停下来,你的悲哀将像潮水一样将你淹没。但是似乎到处都是儿子的影子,桌上是他忘记带走的魔方,一不小心,踏到他的八音盒。桌子底下是他撕碎了的纸片,走得匆忙,袜子、奶瓶散落一地。一眼看到他的学步车,想着回到家里,他笑着开着学步车来迎接你。电视下面的柜子,他把DVD影碟都扔出来,然后自己钻进去,和你捉迷藏。

家中无处遁藏,你于是一个人出去看书,一个人去一个国际中学教中文,一个人去买菜,一个人做菜,再一个人吃饭。蒙特利尔的夏天来了,你一个人走在阳光明媚的街道上,从怀孕到现在,快两年了,从来没有一刻这样轻松,你可以想干什么,就干什么。你可以去吃法国菜,可以去欧美旅游,可以想什么时候回家,就什么时候回家,不用担心老公带宝宝不耐烦。可是你却觉得脚飘飘的,人像被什么东西掏空,只剩下一个空空的皮囊。

第三部分：情到深处

怀孕前，你想你是一个独立的女性，你要有自己的事业，你要有自己的生活空间，不能让孩子牵扯太多。从孩子诞生到现在，却发现自己最爱的事情是和宝宝一起玩，看到他那张笑脸，你疲劳尽消。最幸福的事情是儿子在自己怀里睡着那一刻。你抱着这样的生命，看着他那张好奇和渴望的小脸，想着他那蹒跚学步的样子，想着他对你的依恋，你发现原来母亲这个角色是如此让人陶醉。

你曾经信誓旦旦，再辛苦也要把他带在身边。可是最终你还是让他回到中国，你感觉到自己无能为力。你们找不到托儿所，于是你们轮流带。他说他爱小宝宝，可是他害怕听宝宝的哭声，他哭的时候，他的头都要爆炸了。于是你尽量自己多带，可是你也很忙，人生有梦想，就不可能停下追逐的脚步，最后当他快要疯了，你也接近崩溃的边缘。晚上放学，你乘地铁回家，你一个人在地铁里哭泣，你不知道，带一个小孩长大这么辛苦，爱一个人是这样全身心付出，却永远力不从心。当他父母来加的签证被拒签了，于是他再也忍无可忍，他要带孩子回中国，让70岁的父母见见这唯一的孙子。你据理力争，可是当你见到每天喝得烂醉的老公，和当年来加拿大的那个阳光少年，判若两人的时候，你凌晨两点半给婆婆打了电话。在电话那边，婆婆布道似的说了半天，你想说，可是她听不清楚。有一句话打动了你，如果你们没有精力带他，天天吵架，对儿子的成长环境也不好。你妥协了，你亲自去买了两张机票。你送他们去机场，儿子来到新的环境，笑容满面，一甩头，在他爸爸的怀里，走了，不顾你在送行处张望到不见他们的人影。留在你脑海里的是他那张笑脸，一张渴望新环境的笑脸。也许自己的选择是对的，对于孩子来说，有人关心和爱护是最重要的，未必一定是自

诗意地居住在蒙特利尔

己，短暂的分离也许未必是个坏事，至少他才一岁多，见多识广，飞跃了一个半球，从美洲到亚洲，见到爷爷奶奶外公外婆，和父母成长的环境。

你想自己还是最终选择了自己的理想，如果你真的不舍得儿子，你可以干脆自己一个人带，天天陪着他玩。可是你也不甘心做一个全职的母亲，那种岁月流逝却一事无成的感受也将同样折磨着你。但是想想人的一生，总是风雨兼程，想给儿子创造一个良好的环境，可是当有个工作，住了大房子，却发现儿子心灵的空洞，你永远进不去，儿子的成长轨迹，留下的空白，你再也无法填补。

你有冲动，买一张明天回国的机票。

（本文发表于2007年5月18日《路比华讯》）

第三部分：情到深处

漫漫十年移民路

2004年9月30日，我和先生正式登陆加拿大，成为加拿大永久居民。而现在我已经是两个男孩的母亲，一个八岁，一个六岁，父母也在2013年10月25日成功登陆加拿大。现在最幸福的事情就是一家六口围坐在一起吃饭，孩子聊上学的趣事，父母聊生活琐事，其乐融融。回想十年的心路历程，在大洋彼岸的我们，仿佛一部电影，一个个镜头在眼前晃过，感触良多。十年前，来自广州的我们，多年没有体会过浓浓的秋意，在这如梦的落叶中沉醉。在修女岛上，我们看到了万树红遍，枫叶如丹；在皇家山的山顶，看到落木萧萧，赤城霞起。我们俩早上去打网球，在圣劳伦斯河边，一大片草地，海鸥飞起，心旷神怡。我和先生打完球之后，手牵着手走在这条世界上最大的内陆港边，在深秋的阳光中，驻足圣劳伦斯河畔，红艳艳的枫叶，挂满一树；落叶缤纷，铺满河边的小道，飘落在河面上；几缕朝阳照在圣劳伦斯河上，波光鳞鳞。

2008年的秋季，我移民后第一次回到了中国，在北京的香山上，同样在陶醉在这个枫叶如丹的城市。而重回到故国的怀抱，我已经是加拿大公民。登上长城，我望着这绵延的长城，想着不远万里回到的祖国，这样陌生而熟悉，是故乡还似他乡？习惯了到处是绿地的蒙特利尔，习惯了树林中、马路上不时窜出的松鼠和鸽子，在钢筋水泥的丛林里，开始想念加拿大。这或许便是所有第一代移民的困惑，他们在故乡和他乡之间疑惑,他们在飞抵一地的时候,便开始怀念另一地。

在加拿大的时候,我想念中国。而回到中国,在嘈杂的城市工地中,我开始想念自己在加拿大的家,背靠公园,宁静而温馨,想念那白雪皑皑的滑雪胜地,想念地铁中涌动的各种肤色,想念蒙特利尔古老的建筑,想念蒙城的大街小巷,想念法国餐厅的浪漫和优雅。

移民十年了,今年的母亲节,请妈妈、爸爸去了当地一个环境幽雅的法国餐厅,送给妈妈一束粉色的康乃馨。传说圣母玛利亚看到耶稣受到苦难留下伤心的泪水,眼泪掉下的地方就长出来康乃馨,因此康乃馨成为了不朽的母爱的象征。看看我两个可爱的孩子、我的父母和我的先生,我忽然意识到,移民最大的收获,初为人母,二为人母,父母团聚加拿大。十年的巨变让我对生命有了新的看法。

第一次怀胎九个月时,妈妈从万里之外的中国来帮助我。因为有了妈妈,生孩子成了人生的甜蜜时刻,生孩子的时候,妈妈不离左右,坐月子的时候,照顾地细致入微。第二次怀孕七个月的时候,妈妈再次来到加拿大,那个时候外婆已经患老年痴呆症两年多,想到离家万里,无法照料,妈妈抱着外婆失声痛哭。外婆居然奇迹般,似乎清醒了,对妈妈说,孩子去吧,我会等你回来的。然而妈妈来加几个月后,外婆于2008年5月22日中午十二点二十分去世了,她走的时候,两个女儿,两个儿子守在身边,弥留之际,四处张望,象在寻找什么人,小姨意识到了什么,对外婆说:"妈,大姐不在,到好远的地方去了,加拿大,赶不回来了。"老人终于闭上了双眼,去了另一个世界。听到外婆去世的消息,妈妈正在抱着四个月的二儿子和看着两岁的大儿子,让我好好再

第三部分：情到深处

睡一回儿。得到噩耗，妈妈失声恸哭，我也心如刀绞，今生没有再见到外婆，也让母亲没有见到外婆最后一面，留下个永远的遗憾。

孩子或许是父母前世欠下的情债，移民的决定让我欠下来对妈妈和外婆的双倍情债。今生向父母一味索取，心安理得地享受父母的关爱，而如今"养儿方知父母恩"。三年生了两个孩子，怀孕、分娩、喂奶，三年没有一天能睡个完整的觉，想想自己承受了妈妈四十多年的关心、爱护和牵挂，而外婆的离去更让妈妈觉得没有机会再去外婆偿还六十年的母爱。

"儿行千里母担忧，母行千里儿不愁"。17岁读大学，离开故乡南昌，经上海，走广州，再来蒙特利尔，我从没有太多的留恋和顾念，留给父母的都是勇往直前，一无返顾的背影。为了自己的梦想，能走多远，就走多远。移民的决定是自己的，可是承担这个后果的，却是父母甚至整个家族的。时至今日，才觉得父母注视的目光从未远去，而父母的思念和牵挂从没有停止。

妈妈一个人来到加拿大，很想念在家的父亲，弟弟和孙子。一日我抱怨道这样照顾一个孩子，啥时候才是一个尽头，妈妈黯然道，"啥时候都不是一个尽头，我对你弟弟，这30岁的儿子都在搜肠刮肚地思念"。我忽然悲从中来，忍不住掉下泪来，心疼母亲，也心疼自己。是啊，我的宝宝这么小，等我辛苦将他养大，他却飞走了，让你千山万水地去惦记去想念。

父母总是在我们最需要的时候出现，无须任何理由。在加第一次生孩子，妈妈十分不放心，来加拿大照顾我。而爸爸为了照顾心爱的孙子，留在国内。爸爸妈妈结婚三十多年，从来没有分离过这么长的时间。当爸爸坐了十多个小时的火车，送妈妈到上海，在浦东国际机场，爸爸送到分别的地方，妈妈如革命小闯将，一直向前走了，父亲是个儿女情长的人，在后面叫到，"你好走啊，注意身体啊。"妈妈后来提起来，先是大笑，又忍不住落下泪来。想想自己是多么残忍，让父母在年近花甲，需要相互关爱的时候分开。而在北美又有多少父母为了帮助孩子带孙子，远离他们熟悉的文化生活，体会孤独、寂寞的感受。父母的爱超过了所有的山盟海誓，只有父母真的对我们不离不弃，无论我们贫穷、富裕、成功、失败，父母都一如既往地爱我们。怀孕九个月的时候，肚子太大，系不到鞋带。妈妈弯腰给我绑鞋带的时候，看着妈妈头上越来越多的白发，我有些感伤，在母亲的眼里，孩子永远是个孩子，而妈妈已经快六十岁了。

看着自己可爱的两个宝贝，舐犊之情，或许这便是自己这么多年一直勇往直前的理由，有父母无私地爱着自己，无论多么伤心，多么失望甚至绝望，总有父母可以倾诉，可以依靠。人人常常为爱人的一些甜言蜜语，一些举动所感动，而父母所做的一切，都是那样地想当然。今日当自己成了母亲也是心甘情愿，不断付出，不求回报。而我的孩子今日不知道我的付出，明日等他长大了，他会要求独立，要有自己的事业，或许如我这样远走高飞，而他将又有自己的孩子，让他来体会这份舐犊之情。

一日踏雪夜归，大儿子石光宏刚刚醒过来，见我来到床边，他快速地爬到我的身边，然后将头依偎在我身上。看着他天使般的微笑，我心都醉了。记得看过一部电影，叫小公主（A Little Princess）的电影，剧情是一个父亲一直对女儿说，你是我的小公主。因为父亲参战，这个小女孩送到一个寄宿学校。在她父亲失踪和假定死亡之后,被断了经济来源,她被降为女仆,受到欺凌。她凭着父亲对她说的话,每个小女孩都是一个小公主,(Every girl everywhere is a princess),在那样的环境下,还是快乐坚强地活着,最后和父亲团聚。每个男孩在父母的心目中,也都是小王子。孩子未必出生尊贵,但是在父母的心中,永远珍贵如斯。

爱子如斯,我感谢上苍给了两个这样可爱的生命,让我去爱,让我体会到淋漓尽致的母爱;爱子如斯,感谢儿子们给予前进的动力和勇气,让我在第二故乡加拿大风雨兼程,奔向成功;爱子如斯,愿天下所有的母亲都能有一份这样纯粹而不掺杂任何杂质的爱。

狄更斯说:"爱能使世界转动"。有歌曰:"母爱是一个圆,没有起点也没有终点。"因为有了无私、无声、无限的母爱,有了儿女对父母的真情、永久依恋和敬孝,世界才变得温暖和充满活力。2009年我和先生担保父母移民,递交申请,2013年他们终于成功移民加拿大了。可以朝夕相处,嘘寒问暖,我已别无他求。

回到中国,同学、朋友和同事的富庶让我大吃一惊,房地产的升值和人民币的升值让他们的财富加倍升值,我开始重新审视自己移民的决定。自己来到了加拿大,从中国经济最发达活跃的地区广州来到了加拿大这个成熟的资本主义国家,经济发展程度差别并不大,电信、银行、电子商务发展上,国内还更便利。至于说到饮食、娱乐,此处更是无法比拟。然而这的确是一个人生的一个大的转折,从一个国家来到另一国家,连生活的细节都发生了明显的变化。货币、交通、购物,面对这满目的法语,看着各色皮肤的人群,已经深处一个完全不同于三十年前人生阅历的生活环境中。

诗意地居住在蒙特利尔

这不是世外桃源,也并非是痛苦的深渊。这就是生命的本质,她给你一个真实,需要你用智慧去诠释她,去升华她。"C'est la vie"(这就是生活)。无须去怀念过去的舒适与享乐,无须顾念中国的条条框框,既然已经身处北美,就必须遵守这里的游戏规则,"C'est la vie"。是自己选择放弃国内安逸的生活,是自己选择将自己连根拔起,移植到了这个本身也处于矛盾与挣扎之中的加拿大法语城市蒙特利尔,就必须承担自己选择的结果,除了适应和欣赏,别无选择。

想想自己从读书到工作都很顺利,好学生、好工作,总有欣赏自己的人,总有人愿意出手帮助自己,MBA的导师是大学校长、院士,原来公司的总经理亲自把我招聘到公司,并一直对我赞赏有加。等到了加拿大,人际关系都要重新建立。要认识公司老总、院士这个层面的人不是一时的事情。初到加拿大,信心总是受到很大的打击。以前再简单的事情,在新移民来说,都变得艰难。简单如买菜,你想问一下菠菜在哪里,都不知道该怎么说。哪怕我的英语、法语都不错,但是细到菜名、装修、家具,西餐馆就餐、怀孕和生孩子总是结结巴巴讲不清楚。在一个法语大学读金融硕士,要用不是母语的法语读书,觉得真的很难,有时候听不懂,有时候讲不清楚,当时悲哀地觉得是不是整个大学人人都比我法语好。蒙特利尔是个双语城市,这里法语和英语都要很好,才能找到一个非常不错的专业工作。自己找工作,有几个面试的机会,等一轮、二轮面试机会之后,总是没有什么消息。国内的亲戚朋友总是在唠叨,去国外干什么,多好的单位啊,年薪十几万人民币,现在后悔了吧。听说你们原来单位的年终奖发了十万。尤其为人母之后,慢慢亲朋好友的评价就变成了，出去干什么，在国外带个孩子真不容易啊。这样一来二去，曾经有段时间，我的自我评价达到了历史的低点。

然而有几件小事，让我发现重新建立信心是最重要的。一天我上课要做演讲，跑去跟教授说，我这个学期的功课很多，没太多时间准备，我可以用英语讲吗？教授说："当然可以，不过你的法语讲得很好啊！你是在法国巴黎学的法语吗？很标准啊，一点口音也没有啊。真是神奇!你又会讲英语，又会讲法语，又会讲普通话，又会讲广州话。"当时我觉得从未有过的自豪感油然而生。我的法语是在国内学的，我的老师在法国留学过。是啊！正面的自我评价多么重要，我的法语并不象自己想象得那么差，我没有魁北克口音，很多同学法语也不是母语，他们的阅读和写作能力并不比我强。

还有一次我去参加一个招聘会，是一个大银行的投资银行部，以酒会的形式，我需要拿着酒杯，闲聊的形式，和所有胸口挂着公司牌子的人交谈。竞争很激烈，25个金融本科生和研究生，只招聘1个人。有的时候我正在谈着的时候，有其他的应聘者冲上来，叽里咕噜说着，一下就把我的法语比下去了。我很郁闷，当招聘者礼貌地超我点头微笑，示意我也说几句的时候，我也就简单地回答几句。我走开，一个人拿着红酒杯想心事，一个西装革履的帅哥走过来，主动跟我握手，说我叫史蒂芬（Stephane），我看了你的简历，你很出众啊。你在世界五百强企业的电信公司工作过，你是金融硕士，MBA，还懂这么多语言。我觉得你来应聘我们公司都有点屈才啊。你可以找一家更大的投资银行工作。我看着他，心里既是高兴，又充满了感激，这是第一次在招聘中得到这样高的评价。我站在这个32层的高档办公室里，拿着红酒，周围高楼林立，远处的圣劳伦斯河熠熠发光，蒙特

诗意地居住在蒙特利尔

利尔真是一个美丽的岛啊。我想起原来自己工作的大楼,在广州的市中心,68层,装修豪华,气派雄伟,远处珠江宛如一条玉带,自己久违这样的环境。斯蒂芬说:你应该主动走出去,多推销自己,你一定能够找到一个好工作,我对你有信心。你的法语也讲得很不错啊。要我讲中文,这辈子是不可能讲得这么好啊。你不要在一个人那里停留太久,他调皮地冲我眨眨眼睛,低声对我说,你找旁边的那个老头,他是我们这个部门的副总裁,他在广州呆过,他一定会喜欢你的。我忽然觉得有点伤感,为什么对自己的高度评价来自一个陌生人,而从亲人和好友那儿反而得到的是同情和责怪。我立即投入到积极的招聘中去,我和他们聊的时候,发现他们并不比我强多少,他们很多都是本科毕业,甚至有的以前还做过厨师。虽然这次面试我并没有入围,但是我却得到了一个久违的东西:对自己的信心。

　　一个人移民,面对社会,最需要不是人际关系,而是信心,一个独立面对新的环境,独立迎接挑战的信心。有了信心,才能调动自己所有的潜能,用心去学习和工作,广交朋友,在移民国家获得成功。

　　记得曾经下着雨,冷嗖嗖的,我缩在汽车站,大着肚子,等着公共汽车去上课,记得曾经为了魁北克财政部的政府工作面试,我一天之内,来回六百公里,奔波在蒙特利尔到魁北克城的汽车上。终于在生完两个孩子,用法语读下了一个应用金融学的硕士,考过了金融风险经理(Financial Risk Manager),并且获得了头衔(当时全球只有不到三万人拥有这个头衔)。2009年3月23日,我在这家1874年就成立的老牌投资金融策划公司,开始为自己而奋斗,我的办公室位于高级写字楼的九楼,眺望着圣劳斯河,波光粼粼。五年来,

第三部分：情到深处

我拥有几百个客户，分别来自八十多个不同族裔，收入稳定，我的专业能力得到锻炼，我可以自由安排自己的时间，陪伴孩子，每年一次的海外旅行，除了十年前去过的十二个国家，我去过的国家增加了三个，英国、巴哈马和圭亚那，欧洲在2012年又去了一次。

我希望自己为自己的命运做主。1995年魁北克独立公投，仅仅以5万票之差，失去了独立的机会。看到魁北克的独立拥护者们热泪盈眶，有的痛不欲生，无法接受这样的结局，离开他们的梦想只有一步之遥。但是生活还要继续，人们接受了少数服从多数的民主制度，也必须接受这样的选举结果。"C'est la vie"（这就是生活）。每一个社会都有它的游戏规则，必须先在这个框架里面生活，才有享受自由的权利，永远只有相对的自由而无绝对的自由。在中国也是一样，它有它的游戏规则，有显规则也有潜规则，身处其中三十多年，耳濡目染，潜移默化，我想自己本身或许因为要接受新的挑战才选择离开。

一方面我们不可能要求这样的生活，可以同时享受中国和加拿大所有的方便和舒适，隔着一个半球的世界，不仅仅是空间的距离，更是心理、精神和制度的距离。另一方面生在中国，移民北美，拥有北美和中国两个硕士学位，熟悉中加的企业运作，有两地丰富的人际关系，应该成为自己的优势，愿意成为桥梁而不是孤岛，愿意以全球的视角审视自己的人生。十年漫漫移民路，很难，也很快乐，因为我一直被爱包围，一直怀着感恩的心，积极乐观面对我的人生。

诗意地居住在蒙特利尔

怀念 Jacques Ménard

今天是前蒙特利尔魁北克银行行长 Jaques Ménard 去世一周年的日子。一年前我从网上知道他 2020 年 2 月 4 日因病去世了！那时我找出 2008 年他签名的书和他把我的简历转给他秘书的邮件，非常伤感！

2008 年我研究生刚刚毕业，学的是应用金融学，小老二才出生几个月，四处找工作碰壁。我曾经为了应聘魁北克财政部的工作，一日来回 600 公里去，杀到最后一轮，只有六个人的时候，被淘汰了。我曾经在最大的基金管理公司 Caisse de dépôt et placement du Québec 得到面试的机会，深情款款给面试我的人写邮件，也被无情拒绝了。我曾经去一个公司干了半天，就被人炒了鱿鱼，因为 EXCEL 不是特别熟练。2005 年我移民来加拿大，读书三年，生俩个娃，已经快四年了，我还没有一个正经的工作，我忧心如焚。我参加各种招聘活动，希望尽快找到工作。正好我们大学管理学院有个新书发布会的早餐会，我记得大清早，冷飕飕地，我没有车，先坐公交，再挤地铁，跑到大学的一个教室，参加他的新书：《如果我们开始的话》（*Si on s'y mettait*）发布的早餐会。那年他六十二岁，中等身材，青铜色的皮肤，棕色的头发，没有一根白发，非常健康精神的样子。他说着一口魁北克法语，激情地演讲，充满了他对魁北克的爱，书中有对魁北克经济的建议，希望魁北克能够开始积极发展，减少负债，不要伦为美国的人才输出库。当时我买了他的书，

第三部分：情到深处

要了他的签名，他写着：亲爱的云涛，好好阅读，祝福你的孩子们。我是现场唯一的中国人，我跟他聊了几句，自我介绍了一下，一个法语大学金融专业的研究生，希望给他留下好的印象。

回到家中，我给他写一封邮件说：我喜欢法语，也喜欢魁北克，但是为什么我这样有两个研究生文凭，在世界五百强企业工作过的人，懂英文、法文、中文，却在魁北克找不到一份专业的工作。我还把我和两个孩子的照片发给他了，一个三十出头的女性，带着一个两岁孩子和一个襁褓中的婴儿，还在努力奋斗和找工作。他生于1946年1月，和我父亲同年出生，我想自己应该和他孩子差不多大的年龄。我的信激起了这位忠厚长者的极大同情，虽然我和他只有一面之交，他却将我的简历转给了他的秘书，他的秘书也非常卖力，我在蒙特利尔银行的营业部和投资银行部门有好几次面试的机会，我记得当时投资银行经理还好奇地问我，和他是怎么认识的，不知道我什么来头。我如实相告，他笑了笑。我现在想来，自己是否应该笑而不答，增加一点神秘感。虽然我最终没有去蒙特利尔银行，但是我非常感激这位老人能够爱惜一个一面之交的新移民。尤其在被别人拒绝了那么多次之后，他能够这样释放善意，帮助我，让我对魁北克这个第二故乡充满了感情。要知道他是魁省的著名企业家和慈善家，是企业家协会主席，2001年至2018年是蒙特利尔银行魁北克省的行长，做过多家大企业的老板。正如他书中提到的，必须创造就业机会，给移民以未来，才能吸引更多的移民来到魁北克。他身体力行，尽他最大的努力在挽留人才。

这么多年，我拥有了自己的事业，收入和经验也不断增长，并且我也销售了大量蒙特利尔银行的基金。好几次我脑海中划过他的影子，我想给他发个邮件，说我在魁北克生活得挺好的，在喜欢的金融领域工作，成为专业人士，孩子也长大了。我留在他热爱的魁北克，并且为魁北克交税，为经济发展做一点点贡献。我非常感恩，他在我移民的最初岁月，给予的帮助。我想要不要请他吃一顿饭，表示感谢。但最终这封邮件也没有发出，然后却得到了他的死讯，饭也永远吃不成了。在2020年的冬日，我看到讣告，想起他，泪如泉涌，我应该去给他的灵堂送一束花来表达哀悼。我觉得人生就是这样，有一些感谢的话你要及时去说，有些祝福你要赶紧送出，否则可能一生的遗憾。这个疫情期间，接连有朋友去世，非常心痛，那活生生的人，那午夜的一声问候成为诀别，那一起吃过的饭居然成了我们之间最后的晚餐。我想人生便是这样残忍，为什么会有阴阳相隔，"生死两茫茫"，便是让我们生前好好珍惜，懂得感恩，否则这后悔的心在这逝者离去之后，更加让人煎熬！愿亲爱的 Jacque Ménard 先生在天国听到我真诚的感谢，愿天国没有痛苦！

（本文 2021 年 5 月发表于《蒙城华人报》）

第三部分：情到深处

人生若只如初见

这几天看了汪小菲写的《生于1981》。汪小菲将他们闪婚、相知、相爱的这十年写得深情款款，书中写到："家是我一直向往的港湾，为了守护这个家，我愿意付出所有"。而 2022 年离婚，大 S 又闪婚再嫁给韩国男星具俊晔，各种秀恩爱，不顾前夫的颜面和家中幼子的感受，而家没了的汪小菲，忽然在微博发飙说不想给这个别人的家付电费了，母亲女企业家张兰也开直播，各种内涵前儿媳，汪小菲的绯闻女友张颖颖也站了出来，各种狗血剧情，看着曾经幸福的一对璧人，誓言犹在耳畔，撕得这么难看，忽然觉得非常悲凉。纳兰性德说："人生若只如初见，何事秋风悲画扇。"初见有多美好，这十年婚姻、一双儿女有多少甜蜜，这如今的一地鸡毛就让人觉得有多斯文扫地。"与人断交，不出恶言"应该是人与人最基本也是最宝贵的体面。古人离婚协议书最后两句，"一别两宽，各自欢喜"，为什么现代人更多选择，更多自由，却失去了"这解怨释结，更莫相憎"的坦然与大度呢？

投资心理学上有一个基本的原则，就是大家对股票大跌的痛苦的感知要远远超过对股票上涨的快乐，所以人们在暴跌的时候，反而无法接受这个失败，继续持有，更加不理智。我们人生也是一样，我们对于背叛、对于痛苦的感知远远大于我们对曾经幸福的快乐的时光的感知，所以人们才会在彼此伤害之后，变得歇斯底里和忘乎所以。

但是覆水难收，美国总统里根的女儿在暴露家庭隐私之后，非常后悔，祈求晚年里根的原谅，并对《备胎》的作者，大爆英国王室丑闻的哈利王子说：沉默的价值。沉默是对美好初见的尊重，是对曾经有过的爱情、友情、亲情的尊重，沉默的价值超过哈利王子的2000万英镑的稿费，超过汪小菲为大S投资的S酒店的价值。这些明星们作为公众人物，关起门来处理自己的家事，不要再口出恶言，为孩子留一些体面，以免留下不可弥补的伤痕，追悔莫及，说出的秘密，伤害过的话难以收回。沉默是金。

东方文化中对这种舆论的纵容，法律条款的宽容，也是导致场面越来越难看的因素。著名好莱坞影星约翰·德普（Johnny Depp）在起诉前妻希尔德（Amber Heard）中胜诉，获得1500万美元的赔偿金和利息，起因是后者在2018年发表了一篇小作文，包含了对德普家暴的诽谤内容，甚至这篇小作文都没有点名德普，但是这篇文章破坏了他的事业和声誉，陪审团裁决巨额赔款。无罪推定是美国司法的核心，德普是否家暴，在没有任何证据的情况下，发表不正当的言论就会受到处罚。在中国的最大的社交平台之一微博，王力宏的前妻李靓蕾作为哥伦比亚大学的研究生，写了多少小作文，将家事暴露在千万吃瓜群众的面前。东方人的观点是先怀疑有，再证明无，百口莫辩的王力宏被迫退出演艺圈。我不知道真相如何，也许他真是小作文中说的渣男。但是王力宏才华横溢，拼搏多年，因为几篇小作文，最后事业尽毁，却让人唏嘘不已。每个国家都有这种键盘侠，以八卦新闻为乐，大肆指责和嘲笑，用舆论压力影响他人。但是美国法院判给出有如此巨额赔款，就不会有人动不动就大爆料，博取眼球

第三部分:情到深处

了。社交媒体不是法外之地,爱情和婚姻也需要法律的保护,才可以不让我们看到碎了一地的颜面。

人生若只如初见?唐明皇纵然有"在天愿做比翼鸟,在地愿做连理枝"的誓言,"三千宠爱集一身"的杨玉环,却也有马嵬坡兵变,被赐死的悲惨命运。爱人贵为皇帝,尚且如此,何况普通人。再说爱情终将消散,激情会变成亲情。所以人生是一部连续剧,不可能只如初见。人生需要有平常心,分手时候仍然感恩过往对方的付出,咬着牙度过分手的时光,用最好的回忆治愈自己,沉默是金,最后说一句:"一别两宽,各自欢喜",方是君子所为。

(本文发表于《华侨新报》2023 年 4 月 13 日 1677 期)

第四部分：人在旅途

第四部分：人在旅途

相聚德国

2012年10月24日，从加拿大的多伦多飞了七个小时到了英国伦敦，在飞机上，看了电影《第一次》。一个女孩从小就得了绝症，她的妈妈疼爱她，用计花钱让一个男孩假装从小她心怡的男孩去爱她，让她体会爱情的甜蜜。而最难得的是这个女孩，明知是假，安心接受母亲的安排，接受这个男孩的爱，用几乎到不忍心去伤害的单纯让这个男孩真的爱上她了，她爱跳舞，这个男孩去让她学跳舞，用最美去演绎生命，临死前她还给自己的母亲设计去旅游的路线，让那个男孩体会到她的爱，化解了他和他的父亲之间多年的恩怨。这样一个女孩的一生，让人感叹不已，要有大爱，要放得下别人，她爱自己的母亲，才不忍心去拆穿她，她不忍心去拒绝那个男生，所以不忍心，其实可以让一个男人的冰雪心肠融化。我喜欢这样的女孩，她虽然柔弱，但是内心却如此坚强、宽容。

又从英国伦敦转机到了德国法兰克福，见到了我的中学同学莉，莉由中国政府外派德国两年，而我已经是加拿大公民，定居加拿大八年，我们从未间断联系，近三十年的情谊，让我一直有强烈的欲望飞去见她，而今日真的成行，抓住她的手，我激动不已。两个来自中国南昌的人，最后在德国相会，中午吃着她妈妈做的南昌菜，乡愁油然而生。

缅因河流经市区,将法兰克福一分为二。下午我一个人走在缅因河河畔,回味刚才的古建筑,看着远处的高楼大厦,仿如做梦一般。几个小时之前,如打仗一样,从多伦多飞到伦敦,到飞机起飞去法兰克福只有一个小时,过海关,走通道,一路飞奔,准备登机,可是已经过了时间,但是运气不错,工作人员还是将我放行了。现在我眼前古城区的罗马广场就在河的北边;我在罗马广场惝佯半天,罗马广场旁有个罗马厅,实际上就是旧的市政厅,里面的皇帝殿(Kaisersaal)是许多罗马皇帝进行加冕的地方。罗马广场西侧的三个山形墙的建筑物,可以说是法兰克福的象征。虽然遭遇数百年战火的摧残,但整修后仍保存完好。罗马广场的东侧则有一排古色古香的半木造市民住宅。我特意去了歌德故居,这样一位大诗人、文豪,过着衣食无忧的生活,房子很大,有几层楼那样高,书籍和灯具甚是雅致。

2012年10月27日,莉特意请了一天假,陪我从法兰克福坐火车去慕尼黑。莉是一个旅游通,从这个车站穿到那个车站,非常熟练,我们的车票是没有座位的,但是只要没有预订标记的火车座位,你就可以随便乘坐,我们很幸运,找到了位置。经过四个小时,我们中午到达了慕尼黑的一个小旅馆,我们俩坐电梯去放下行李,是一个你想象不到的小的电梯,只能坐下我们两个人,小却不局促,花了六十四欧,还包早餐,离地铁站很近,而两个小的单人床,觉得非常实用。我们中午去一个中餐馆吃了一顿,这是一个中国的餐馆,我们点了两个小菜,非常好吃,这是几天来,第一次吃中餐,我的胃似乎好了。我后来听莉说,胃肠是第二个大脑,想来去多伦多,非常累和紧张,所以连吐带泻,而见到莉,心里踏实了很多,所以一切又恢复正常。我们定了一个第二天去新天鹅堡的旅游团，花了 80 欧元，然后就在慕尼黑逛。这是第二次来慕尼黑，十二年前记得一些建筑，和高塔，这次缓慢地在街道上行走，体会到初冬的凉意，我们买了一个帽子和一个围领，一下暖和了很多。

慕尼黑是德国南部巴伐利亚州的文化中心兼首府，人口 125 万，是德国的第 3 大城市。

慕尼黑我居然第一个想起的是悲情这两个字！慕尼黑曾因为签订《慕尼黑协定》而闻名于世。1938 年 9 月，英、法、德、意在慕尼黑签订了迫使捷克斯洛伐克割让给德国的《慕尼黑协定》，可怜的国家就沦为"绥靖政策"的牺牲品。慕尼黑曾经在二战期间成为纳粹党的大本营，第一座纳粹集中营也就建在慕尼黑市郊，慕尼黑自此始终无法摆脱希特勒的阴影。慕尼黑在二次世界大战时多次遭到严重的轰炸。1972 年奥运会在慕尼黑举行，奥运会期间遭巴勒斯坦恐怖组织攻击，造成 11 名以色列选手丧生的惨剧。轰炸、袭击、流血、死亡，这些词语都和这个城市联系在一起，真是悲情慕尼黑！

慕尼黑享有"欧洲建筑博物馆"的美誉，到了 1944 年，轰炸后的市中心仅有 3%的建筑幸存。现在我们看到的是整修复建的慕尼黑，整个城市的风貌与战前并没有很大的改变。今天旧城区仍旧是整个慕尼黑最热闹的区域。16 世纪的哥特式、古罗马式、巴洛克式古建筑以及各式现代化的建筑，一座连一座，我们的眼睛已经有点应接不暇。

十二年前来的时候，我还是一个未婚女子，现在已经是两个孩子的妈妈了，而慕尼黑的建筑似乎还是那样宏伟地耸立着，不管我们的沧海变化。

广场的中心有一个奔驰的销售广场，从1万5的SMART到9万的豪华车，我俩都很喜欢奔驰。广场的东北边是皇家花园，我们在花园的长凳上坐了一下，欣赏一下美景，被莉笑有作家的矫情，我听完哈哈大笑。我们逛着各个名店，价格都比较高，对于我来说，没有什么吸引力。德国一点经济危机的感觉都没有，物价很高，油价也要1.51一升，据说是历史上最低的失业率。我们进了一个很有名的啤酒屋。1923年11月8日晚，一批冲锋队成员在希特勒的率领下，闯入贝格勃劳凯勒酒馆，绑架了当时正在那里集会讲话的巴伐利亚州长官，宣布推翻州政府，这就是历史上的"啤酒馆政变"。而我们就在这个地方喝酒，到处歌舞升平，很难想象69年前剑拔弩张、血溅当场的景象。对面坐着一个老态龙钟的德国人，一个晚上坐在那里，要了两杯啤酒，打发一个晚上，这是德国人过周末的方式？乐队在我们的直前方，非常好听，时不时大家一起合唱起来，听着音乐，吃着德国猪脚，和知己聊天，夫复何求！只是酒店太吵了，我们要大声说话。

我们然后在街上走着，见到一个小型的音乐会的阵容，一个三脚钢琴，有一个钢琴家，一个小提琴手，一个中提琴，一个大提琴，一个长笛，在初冬的晚上.大家都听得入迷了。我们还进了一个大教堂，其中的富丽堂皇，一点也不亚于蒙特利尔的大教堂。

10月28日，吃了早餐，德国的牛奶，非常不错，有点甜味，我们乘坐9点51的火车到了FUSSON，导游叫麦克（Mike），是从美国密苏里州来到这里九年，做了九年导游，天鹅堡都去了七百次。新天鹅堡修建于1869年，在我的心目中如同童话城堡，这是我来德国最想去的地方，我想象它

第四部分：人在旅途

位于云雾缭绕的阿尔卑斯山间，洁白的尖顶城堡，依山势错落有致，城堡周围的湖泊清澈、碧蓝，如仙女洗浴之处。

我们迎来了德国的今年的第一场雪，打着伞，能见度不高。我们登上了新天鹅堡，我发现我有一些失落，百年的古堡的确雄伟而壮观，气势磅礴，但是少了一些梦幻，陈旧的古堡，似乎在讲述着一个柔情国王的往事！新天鹅堡的建造者是巴伐利亚王国君主路德维希二世（King Ludwig II of Bavaria）这个国王十八岁半即位，本身没有受过执政的专业训练，但是满怀理想主义和浪漫主义，他一心要恢复中世纪的美，倾其一生之力，城堡本身的设计灵感更是缘于一出歌剧，从一开始就注定这会是一个如歌如梦的城堡。国王是戏剧家瓦格纳的忠实粉丝，新天鹅堡就是受瓦格纳歌剧《天鹅骑士》的感染。古堡少了想象的光芒，但是一个 41 岁就被废黜，二十天之后而莫名其妙地溺死的国王，让我对这个古堡产生了很多疑问，一个身高 1.91 米的国王，为什么终生不娶？他为什么如此喜欢瓦格纳？他为什么选择一个远离城镇的地方居住，动用个人财力，负债累累，什么动力让他对这个项目至死不弃。他的后任为什么放弃继续修他的城堡？

2012 年 10 月 28 日上午休息，枣枣教我弹小步舞曲，我在那个古老的钢琴前弹起来，声音悦耳动听。中午莉做了非常好吃的鸡丁，我破例吃了两碗饭，下午睡了一回儿，之后和莉、枣枣一起前往在莱茵河畔吕德斯海姆（德文：RUDESHEIM），这个小城市离法兰克福大约半个小时的车程，建于十二世纪，是通往莱茵河中流山谷的大门。有"酒城"之称的吕德斯海姆是莱茵河上的乐园，这里是莱茵区的中心区，也称葡萄酒区，年产 2700 万瓶葡萄酒。啤酒只需要 10 元左右就很不错，莉曾经一次购买了三十瓶，白葡萄酒似乎比红葡萄酒更好喝，据说由于德国的温度比法国更低，所以更适合白葡萄酒的生产。很多私人酒窖都向游人开放，让其品尝各种葡萄酒。

小城里有条极狭长的酒巷，号称是画眉巷，两旁排列着华丽的酒馆、和琳琅满目的礼品店，据说夏天的时候许多酒馆都有乐队现场表演，演唱风情浓郁的歌谣。冬季我们来的时候非常冷清，还是见到来自中国的游客，在礼品店里盘旋。

德国国土面积 35.7 万平方公里，人口 8250 万，2011 年人均 GDP44450 美元，加拿大人均 45070 美元，美国人均 GDP 46350，但是以购买力计算的 GDP，如果美国 100，德国只有 76.3，而加拿大有 84.3。难怪在慕尼黑逛名牌店，普遍觉得比美国贵很多，欧元的价格看来偏离其真实价值。这个国家以消费拉动经济，个人消费占 GDP56%，公共消费 18%，而投资 19%，出口 47%，进口 41%。出口以机械、运输设备、化工工业为主，这两项占整个出口的 60% 以上。46% 左右的人接受过高等教育，生育率很低，每个妇女平均生 1.3 个孩子，和为人口负增长而痛苦的日本一样，要知道美国有 2.1 的生育率，所以德国的人口负增长也是制约其发展的一个重要要素。德国人对语言的执着比法国人有过之而不及，我在法兰克福这样的大城市，号称欧洲金融中心，居然没有见到英语，相比之下，魁北克省宽容很多，就算 101 语言法，要求法语比英语的标识大一点，至少还有英语，这里可好，一个英文都找不到。

德国是一个非常重视规矩的国家，在不限速的地方莉可以开到 170 公里，试着想想，没有人违背规则，所以开 170 公里绝对安全。更没有人敢在德国横穿马路，在德国如果横

第四部分：人在旅途

穿马路被撞死，不但不要赔偿，还要付惊吓费给司机。这就是一个制度大于人情的国家。而在这个国家法学院的学生，在政府非常欢迎，因为政府就是制订规章制度，所以一个由法学院的学生组成的政府，规矩和法律成为规范国家和人民行为的准则，以法治国，在人力资源上得到了充分的保障。莉有一次开车在STOP停牌，没有停够三秒钟，后面的摩托车司机见到了，一直尾随她到加油站，对她说了一通德语，然后见她很茫然的样子，就用英语说：YOU SHOULD STOP（你应该停车）。德国人民觉得他有义务纠正你的问题。而如果你要在马路边随意停车，就会有在家的老太太打电话给警察，让他把你的车拖走。我想德国人的眼睛里揉不了沙子。这是一个专才教育的国家，从小学四年级开始，就由学校评估和自己选择是否能够继续读大学，如果不想读大学，就上职业技术学校，培养专业的技术人才，所以德国工业有非常好的技术工人基础，专才教育提供了非常重要的产业人力资源。

　　10月29日早上六点，莉就把我送到机场赶早上6点55的飞机，我笑眯眯地和她分手，寄放行李，忽然发现自己已经开始想念她，这次和她朝夕相处，她的睿智依旧，我还发现她非常大度的一方面，比如她把房子借给同学住半年，分文不收，价值一万人民币以上，比如她每年花三千元资助穷困学生，比如她立志要加入非赢利组织帮助更多的人，这些都是我以前没有发现的优点，我庆幸自己交了一个这么好的朋友，她优秀、大度、心胸开阔，她是一个有大爱的人，她能够帮助一个素不相识的人去考大学，这需要怎样的胸襟呢？我发了一个短信给她：Safe on board and on time of Air Berlin. Miss you even now. Forget to hug you. Thank you to let me feel at home these days. I love you and best wishes for you and your family. （平安、按时登机柏林航空。现在已经开始想你了。忘记抱你了，谢谢让我宾至如归。爱你！祝你和家人安好！）等到了柏林转机的时候，收到她的短信：Get relieved by knowing u smoothly getting on board. Thanks for flying so far to see me. You are absolutely at home of a life-long friend. Take care for the next journey. Waiting for your interesting stories and books. （知道你平安到达，松了一口气。谢谢飞这么远来看我。在一个相识一生的朋友的家里，你绝对如在自己家中一样。下一个旅程保重，期待你有趣的故事和书）。我的眼睛有点湿润，看着她的短信，在天鹅堡，下着雪，她坚持帮我拿东西的细节，浮现在我面前。她非常为别人着想，也让我感动。两个少年时代的朋友，成长为女人、妻子、母亲，互相欣赏，相互鼓励，直到今天。

　　著名音乐人高晓松在他的小说《如丧》中说过，这世界不只有眼前的苟且，还有诗意和远方。当我飞行几千里，从美洲到欧洲，见到亚洲的挚友，我发现你所有的不快，和这个世界的丰富相比较，真的不算什么。他说，最重要是幸福感，是恋爱的时候，你要说你喜获爱情，失恋的时候，你要说你喜获自由，而不是恋爱的时候，你说失去自由，失恋的时候，你说你痛失爱情。正如在文章开头的女孩，坚强而宽容，珍惜我们的所有，开心地生活，这才是生命的要义。

第四部分：人在旅途

我的心遗落在维也纳

亚历山德拉是我在蒙特利尔的朋友，2015年丘比特之箭射中了她，她在德国巧遇到来欧洲度假的魁北克小伙斯蒂芬(Stephane)，她为了爱，远嫁加拿大，开始了长达六年半的移民生活。直到2021年5月重新回到维也纳，她经历了分居、再复合、再分居，再离婚的感情变故。爱情经不起现实的考验，斯蒂芬为了她放弃了军队军官的高薪，但是在地方上找工作不顺利，患上了严重的忧郁症。1989年11月出生的她，从26岁到33岁，为了一份爱远嫁加拿大，最后以离婚收场，让人心中有很多感慨。我说想去看她，她妈妈主动说愿意我住在她的公寓。我觉得旅游最好的选择，是住进当地人的家里，才可以更深入地了解所在地的文化。我很期待一个维也纳人的公寓会如何。

我飞到维也纳，将行李寄存在机场，买了一张往返机场的车票，13欧元，到达维也纳的市中心，抬头就见到一个中餐馆，"中华阁"，我走了进去，前台的小姑娘，漂亮而清秀，一个就餐的维也纳帅小伙看我在看菜单，就对我说，你点一个7元的套餐，最经济实惠。我却很想吃川菜，看中了一个川味牛肉，一个米饭，才花了10欧元左右，我美美地吃了一顿。

而后坐地铁到卡尔茨堡站（KARLBURG），沿着自己打印的谷歌地图的方向，边问边找，终于找到她家。她叫尤特（Ute），67岁，非常幽雅高挑的女人。她的先生二零零一年死于癌症。她的儿子去年才离开她去伦敦工作。她现在一个人生活，还有两只可爱的小狗，她的房间在维也纳的四街，一个非常高的房子，大约有三米高，屋内装饰典雅，墙上挂满了油画，客厅中央，摆了各种植物，绿色让房子充满了生气。亚历山德拉回到维也纳之后，和妈妈同住了一段时间，后来又搬出去了。尤特的母亲也是一个画家，居住在德国中部，91岁高龄，她也摆了一些她妈妈的油画在墙上。这个房子租金需要920欧元，但是卖却要60万欧元，租售比似乎很不合理，似乎这里的房价也虚高。尤特在巴黎曾经生活过五年，所以当她和我交流有问题的时候，法语单词就蹦出来了。下午我一个人去逛了市场，SECESSION博物馆关门。千万不要在周一去维也纳，金色大厅也关门，让我不能听一场音乐会。而后去了一个咖啡博物馆喝了一杯摩卡，摩卡香纯可人，我望着外面的街道，想见自己在梦想已久的维也纳，很欣慰。但是非常累，后来沿着市场走回了她的家，小睡了一会儿。

6点钟赶到一家阿根廷餐厅MAREDO，见到了三年没有见的亚历山德拉，她没有什么变化，法式接吻之后，我高兴地知道她有了新的恋情，她的男朋友40岁，是一个奥地利人，负责F1赛事的组织管理，他曾经到过蒙特利尔。亚历山德拉在加拿大生活了六年多，对加拿大文化也很有感触，感到在蒙特利尔时候，加拿大的文化非常开放，接受外在的新鲜事物。而她回到欧洲之后，也会很高兴地到处跟大家打招呼，似乎他们都不习惯。德国人是一个内敛的民族，她们自强不息，但是缺乏整体思路，正如莉说的那样，是一向内思考（inward-looking）的民族，非常自律，但是对外部的世界并不关心。吃饭花了47元，我支付了餐费，我可不希望

第四部分：人在旅途

看见她们母女 AA 制，而且吃得很不错，我吃了一个羊排，还有自助色拉，还有一小杯白葡萄酒，亚历山德拉和她妈妈点了一个酒和白水的混合物，她妈妈点了一个汤和一个主食物。亚历山德拉是个素食主义者，吃了一堆色拉，所有这些，包括酒水，真的很便宜。亚历山德拉后来和我们一起逛街，餐厅就在国家歌剧院的正对面，可惜我们没有机会去听歌剧，只能在门口徘徊。1869 年建成的国立歌剧院，被称为世界歌剧中心，方方正正，在这个初冬的夜晚，灯火闪亮，发出温暖的光芒。

从国家歌剧院过马路，即可来到维也纳 Karntner Strabe 步行街，有一个宾馆 Hotel Sacher，里面的巧克力，不仅做工精美，而且味道非常不错，据说她在加拿大时候，日思夜想。我买了一小块，两个欧元，在去英国的时候，吃的时候想想两个儿子，有点舍不得吃，怕坏，就自己吃了，真的香醇入口。晚上亚历山德拉先走了，UTE 和我逛市中心，哦，还有两只可爱的小狗。女儿走了之后，尤特高兴地对我说："She is back"（她回来了）。她看到女儿摆脱离婚的阴影，开始新的生活，重新找回自己，作为母亲，她对于女儿的关心，溢于言表。德国人家庭关系很亲密，即使在加拿大，她们也天天通电话。她曾经多次到加拿大看亚历山德拉。她说很希望她结婚，生一双儿女。全天下的母亲，都是一样地爱自己的孩子，无论肤色、种族、年龄，并不是过了 18 岁之后，就不管不问了。

我 2020 年曾经到过欧洲，当时德国还是用马克，现在都是欧元。经济学家罗伯特·亚历山大·蒙代尔（Robert Alexander Mundell）是 1999 年诺贝尔经济学奖得主，被誉为"欧元之父",认为欧洲危机可以解决,欧洲的债务状况可以控制,欧元可以作为国际货币制度的稳定器,希望如此。

维也纳非常冷,第二天尤特给我穿上了亚历山德拉弟弟的滑雪衫,穿上了亚历山德拉的大鞋子,笨重但是我浑身暖和。乘坐了四站地铁,到了美泉宫,美得让人窒息。美泉宫居然有1441间房间。我认真参观每一个展厅,听着中文讲解,那些富丽堂皇的大厅、吊灯、油画、家具、中国的工艺和壁画开始栩栩如生,仿佛在讲述着一个个动人的故事。一个叫玛丽亚·特蕾西亚(Maria Teressa)的女人,她的传奇一生,让我钦佩不已。在父亲查理六世突然去世,1741玛丽娅·特蕾西娅作为第一位女性继承人开始了执政生涯,登上王位,坐稳江山,具有非凡的统治才能。她还热衷于改革,打击教会势力,推动社会进步,同时带来艺术的繁荣,使维也纳逐渐成为欧洲古典音乐的中心,获得了"音乐城"的美名。她不但搞事业,还忠于爱情,嫁给了她从少年的时候就爱的男人:弗朗茨一世(1745年至1765年在位为神圣罗马帝国的皇帝,)相处近三十年。她还有众多子女,19岁到38岁共生了十六个孩子,存活下来四个男孩,六个女儿,个个未必幸福,但是都精心教育,每个都才华横溢。她的丈夫突然在1765年8月5日参加二儿子的婚礼的时候中风去世,死的时候57岁。从此她失去了欢乐,她将所有的首饰、珠宝和漂亮的衣服都给了她的孩子们,自己至死都穿着丧服。在她死后,人们在她的祈祷书中发现了一页纸,上面写着他们之间幸福婚姻的时间:"29年、335个月、1540个星期、10781天和258744个小时。"总以为王侯贵族没有真爱,但他是这样的优秀,有卓越的财政管理能力,让国库充盈,共同抚育了十个儿女,对各个孩子都平等对待,成就了大罗马帝国主义的繁荣昌盛。他还是一个温柔的男人，她爱他入骨。但是爱是幸福，缅怀爱却是怎样的痛苦和甜蜜，1780年11月29日去世的这个伟大君主，花了15年、183个月、796星期、5572天、133724个小时来怀念这段逝去的爱。

女人如歌，如果我们的人生只是一个旋律简单的钢琴曲，而这个女人就是一首命运交响乐，她的一生跌宕起伏，经历了多少挑战和死亡，有皇权的争夺，几个孩子早夭，为了平息和拿破仑的纷争而下嫁女儿，挚爱的离去。我乘坐马车游览了美泉宫，走在黄叶铺满的皇家林园，静谧而淡然，雕塑冷冷地站在那里，想见当年皇家骑射、人仰马翻的激烈场景，公主、王子养尊处优的皇家生活，现在只听着我们马蹄声"的的"单调地走过这样的沧桑岁月。

维也纳（德语：Wien）是多瑙河第一个流经的大城市，位于奥地利东北部阿尔卑斯山北麓维也纳盆地之中，三面环山，多瑙河穿城而过，四周环绕着维也纳森林。面积414.5平方公里。人口153万人，占全国人口五分之一以上。

短短的一天游览维也纳，离开的时候，坐着大巴，多瑙河和维也纳森林在我面前，一闪而过，我觉得自己的心遗落在那里，为了一个有历史厚重感的音乐之都，为了一个有大自然之美的古城，象神交已久的恋人，刚见面，又分手，不忍离去。

诗意地居住在蒙特利尔

好一片苍茫大地

——阿拉斯加游轮之旅小记

从挪威-太阳号的游轮下来,感叹这山水云雾之间的一片天地,到处云深雾霭、帆船点点、雨林苍翠、千年冰川、白头鹰飞翔、三文鱼归来,感受更深的是曾经在这地球上最荒凉、最原始的土地上创造历史的人民,我们回到了一百多年前那段震撼人心的淘金往事。阿拉斯加被称为 Land of Wilderness,含义是荒凉、广阔无边的大地,我的印象中是好一片苍茫的大地。

2015年7月6日,十一点从温哥华机场出发,坐天车到达了水边(waterfront),最后到达了登船地点——加拿大广场(Canada Place),和二千多名游客一起办理了登船手续,大约下午二点半左右,我们也终于上了船。短短时间,我已经了解了不少游客也是从外地来的,有从中国(上海、北京)、美国(加州、德州、印第安那州)、加拿大(BC省、安省)、澳大利亚、日本等等各个国家来的客人。我们先参加了火警演练。两个小儿很开心,船上可以游泳、打乒乓球、打篮球、打高尔夫练习场,他们也消耗了不少能量。

晚上在幽雅的四季餐厅(Four Seasons)吃饭,吃的是法国正餐,羊排鲜嫩可口,鱼块也是爽口诱人。

2015年7月7日,一早带着儿子们在临海的餐厅吃早餐。餐厅面朝大海,令人心旷神怡。

第四部分：人在旅途

八点钟我带儿子学习了五页法语版的故事《美女和野兽》，觉得小女儿"美女"，在极其富裕和极度贫苦的情况下，都不改善良本质，深爱自己的父亲，乐观地生活着。一个人的精神状态对于一个人的一生来说是多么重要。另外看到她两个爱慕虚荣的姐姐，也让我深刻认识到，给予孩子财富远远不够的，要给予他坚韧不拔的精神、谦卑的为人处世之道和无私奉献的精神。海外生存不易，怎样能够不忘记自己的志向，不改自己的初衷？这是一个难题。

我高兴地发现，我们门前就有一个将儿子们托管的地方，我立即将儿子们托管了一个半小时，让自己轻松了一下。晚上继续去四季餐厅吃饭，这次点了两份牛排和一份鱼，滋味诱人，晚上的歌舞表演非常精彩，有英国的歌星演唱的英文歌、有舞蹈，还有一个美国四人组合的阿卡贝拉的无人声伴奏，可惜老大已经睡着了，我们只好中途离场。坐在我身边的老头老太太，从加洲来，恩爱的样子，希望我的退休生活也能如此闲适。她连夸我是一个好妈妈，一直陪伴着孩子。

2015年7月8日，阿拉斯加的时间又要比温哥华拨慢一个小时，我五点多钟就起来了，才知道是4点多钟，6点钟11楼的自助餐厅吃饭已经准备好了丰盛的自助早餐，因为今日要去远行，邮船早早准备了早餐，贴心服务！挪威号在七点到达了风景秀丽的海滨城市 Ketchikan，依海磅山，帆船点点。它背靠着鹿山，(Deer Mountain)，高 914 米)，这是阿拉斯加最南端的城市。据说这是世界第四大最湿润的城市，平均年降雨 154 英寸，秋天雨水最多，通常在 10 月份，有时间会连续三十天下雨。可今日温度适中，阳光明媚，没有下雨的迹象，我所担心的冷雨天气，根本不存在，两小儿穿着短袖就下船了。

终于有手机信号了，我给家人、好友发了个短信以报平安。我选择了一个此地最著名的风景区作为旅游点：迷雾峡湾国家风景区（Misty Fjords），被称为国际纪念碑的荒凉之地(wilderness)。早在1978年，超过200万英亩的Tongass的国际森林公园就被命名为迷雾峡湾国家风景区，这有着独特文化、生态、地理和科学价值的荒凉之地，将世世代代保护下去，而阿拉斯加的土著居民也得以在其中繁衍昌盛。

我们上了一座二层的小船，圣约翰（Saint-John）号，有74位从游船上的游客加入了我们的行程。我们行进在这海上的高速公路上，实际上是一个州政府运营的一个渡船系统，总部就在我们到达的小城市科奇怪坎（Ketchikan），是阿拉斯加最南端的城市，每年可以运载３５万乘客和１０万车辆。船经过安妮特小岛（Annette）、阿拉瓦角（Point Alava）、公主湾（Prince Bay），时速３８英里，快速行进在奇异的山峰、茂密的森林、飘零的小岛和陡峭的悬崖绝壁之间。这奇异的山峰被冰川削成了各种独特的形状。一路上的岩石形状诡异，是冰川留下的痕迹，只有这前进的冰川巨大的力量才能够将这不可一世的山脉随意勾画和任意雕刻。

迷雾峡湾国家风景区拥有独特奢华的资源，海水的海道，淡水的小溪，壮观的瀑布，水域非常宽阔，是三文鱼的繁衍生长之地。在那原始森林中，据说有黑尾巴的小鹿、棕熊、黑熊、海豹、山羊，还有珍奇的动物和长在悬崖峭壁上的灌木。而原始部落据说还以打猎为生、用动物皮毛做衣服，动物骨头做装饰品，世代在这原始森林中繁衍下去。

途径一个有名的景点，位于鲁德耶德海湾(Rudyerd)的入口，有一个叫新涡流石（New Eddystone"）的岩石，周围仿佛是仙境，苍茫的水域忽然出现一块仙石，显得俊俏别致。

第四部分：人在旅途

据说有五百万年的历史，是有火山风吹来火山岩石形成，冰川扫荡过，留下了这块仙石和几个小岛。英国船长乔治·温哥华（George Vancouver）发现并且命名。据说222年前，也就是1793年，他开着他的发现号船(discovery)，97英尺长，28英尺宽，带着100多人的船员，从东南方向向比汉（Beham）运河行进的时候发现。在他的航海日记中，他这样写到：我们发现一块特别的石头，象一个远航的帆船，我们给它取名新涡流石（New Eddystone）。我们停下来吃早餐，来了三艘独木舟，有十几个印第安人，靠近我们，没有携带武器，极其幽默，并接受了我们的礼物。"

7月9日，到达了阿拉斯加的首府朱诺（Juneau）。从我们的游船上远远望去，也是一个云山雾罩的城市，是唯一一个陆路交通无法抵达的首府。据说六七年前，有一个小偷偷了一部汽车，在街角就给抓了，无处可跑，盗窃被称为在本城最愚蠢的犯罪模式。它居然是美国面积第二大城市，但是它的市中心非常小，有各种珠宝店、手表店、礼品店和小小的图书馆。从1906年作为首都以来，阿拉斯加人民多次想换首都，都没有成功。第一次需要首都离安卡雷奇（Anchorage）和费尔班克斯（Fairbanks）这两个大城市都35英里以内，以免迁都对这两个城市影响太大，结果朱诺继续成为首都。1959年阿拉斯加成为美国的第五十个州，随着州政府的发展，朱诺越来越不能满足需求。七十年代，通过法案迁都威诺（Willow），距离最大的城市安卡雷奇70英里，但是喜欢朱诺的部分执法者，同时要求通过高达9亿的搬迁预算，选民拒绝了该预算，换都再次流产。九十年代，迁都的提议再次因为同样的原因失败。我感觉这就是民主的代价，一个只有三万人的城市，又没有陆路交通，并不适合做首府，可阿拉斯加人民花了一百年也没有实现迁都的梦想，少数服从多数的原则未必最有效率，关键看选民的组成。但是换一个角度讲，民意最大，人民的意见得到最大的尊重。每年有一百万的游客乘坐游船来到此地，也许陆路交通无法达到，增加了首府的神秘感，提高了旅游业的收入。

今天的景色很值得一游，首先我们参观了三文鱼的孵化地。我从来没有想到一种鱼是这样，向死而生，每年成百万的野生三文鱼，离开大海，返回他们的出生地，在Tongas国家森林公园5000多条小溪，孵化产卵，在产卵一年之后，成年的三文鱼就死了，让他们孵化的卵在清凉干净森林小溪水，孵化、长大再游向大海，二到五年之后他们成年又回到他们出生的地方，再孵化产卵而死。看着现在似乎有着无穷生命律动的三文鱼，我想到他们从遥远的大海回到自己的出生地，产卵之后，生产下一代，就这样死去，有一点悲壮。三文鱼在生物链的底层，有五十多种生物以三文鱼为食，包括黑熊、棕熊、秃头鹰、狼、乌鸦、狼、貂、水獭、虎鲸、海豹、海狮，而熊可以带大量的三文鱼到森林去，一头熊据说可以在8个小时，从小溪水带40条鱼。

另一个景点是门登霍尔冰川（Mendenhal），据说已经有千年的历史。有一个地方专门普及了我们孩子的知识，冰川形成有三个条件，第一必须有雪，第二温度足够低，零下三十度以下，第三，时间足够长，才能够形成长达几百、几千，甚至上万年的冰川。我们望着这远方的冰川，如成年的积雪覆盖的山锋，却已经是山脚积雪，因为冰川的表面不稳定，一直处于不停地运动之中，如果冰川融化得比她前进得更快，她的表面就不断后退，我们到的这个门登霍尔冰川，就是一个不断后退的冰川，她从二十世纪九十年代开始，差

第四部分：人在旅途

不多每年后退 30 英尺。冰川非常纯净，下面已经形成了一个冰川湖。方圆几公里都不允许带任何食物和饮料，一则保护冰川环境，另外有黑熊出没，一旦发现食物，他会重复来此地，他习惯于不劳而获，会降低他的生存能力。本地的熊，极其爱食物，也善于爬树，据说有一次爬上一个房子的屋顶，再下来，将开生日派对主人家的食物一吃而空。还有一个当地人，忘记关车的天窗，留下了一些爆米花，早上上班的时候，发现熊大哥坐在他的驾驶位置，美美地吃着爆米花。赶紧跟老板请假，理由是熊占了他的位置，哈哈哈！

2015 年 7 月 10 日，我们到达了著名的小镇史凯威（Skagway），乘坐了闻名遐迩的世界风景铁路，经过怀特通路（White pass），由史凯威这个是因为淘金热潮一夜发展的城市开始，在 20 英里的距离，攀登到了近三千英尺的高峰(914 米)。我坐在这个简易的单向小火车上，看着这一路上陡峭的斜坡，川流的小溪，狭窄的轨道，想象那曾经漫山遍野的淘金者，左右两边的路轨只有三英尺的距离，以降低建筑成本，这全长 110 英里的铁路耗资 1000 万美元，有 3 万 5000 的建造者，动用了 450 吨炸药，被称为黄金铁路。我们乘坐的小火车，路过一个死马谷的地方，据说这次人类历史上曾经最大规模的淘金热，有 20 万拓荒者，累死了三千匹马，但是也只有几百人最终成为富豪。我们的思绪回到那个历史年代，十九世纪九十年代中期，金融危机让工业瘫痪，成百万的工人失业，全球性的经济危机让人们没有希望。所以当 1897 年的 7 月两艘船带回来了第一批克朗代克（Klondike）淘金者的两吨多黄金，全世界都沸腾了，觉得这是一个千载难逢的赚钱机会。各种各样的淘金者，有从澳大利亚和南非来的专业的淘金者，也有世界各地来的业余淘金人都向这座位于加拿大西北部育空的小城市——克朗代克涌去。这是一段艰难的道路，加拿大政府害怕有人饿死，规定凡是经过加拿大边境的步行的拓荒者必须带上一年的给养才可以上路，大约 2000 磅的重量。有的时候，每走一英里，意味着再往回走一英里，去取那些负重，从戴亚（Dyea）到贝内特湖（Bernett）才 30 英里，有些步行的负重着来来回回走了 1000 公里。然后还要乘坐 600 英里的船才到淘金地，沿途还有忍受雪崩、海难、洪水的风险。就算平安到达淘金地，还有严寒、孤独和黑暗的考验。想想冬天日照时间只有 5 个小时，其他的时间都是绵绵的黑暗。我想象这是什么样的力量让这些掏金者，在这世界上最寒冷、最黑暗的环境上，战胜路途艰险、战胜孤独和寂寞，无论为了什么，这种勇气还是令人钦佩。

2015 年 7 月 11 日，我们到达了冰川海湾 (Glacier Bay)，云近天高，雾罩群山，千年冰川就在我们的眼前，远处还有一些小的浮冰，一切都是如此地恬静，人们被这大自然的奇迹惊呆了，可以静静地思考我们自己的存在，渴望远离城市的喧嚣，开始思考人生的另一种可能性。甲板上，大家默默地观察，怕惊到那飞动的小鸟，我们已经进入了一个 330 百万亩的山脉、冰川、和森林组成的最大的自然保护区——冰川国家公园。这既是一个空间的旅行，这也是一个时间的旅行，我们似乎从现代社会回到了那个小冰河时代，250 年前，这时那些冰河湾全部是冰川，没有海湾，长达 100 英里，几千米深的冰占领了整个海湾。今天冰川北移，只有十几个小的浮在水上的冰川，我们深深呼吸这冰冷的冰河时代的空气，哪怕仅仅在此刻，让我们去想象一下，这过往的世界是什么模样？

第四部分：人在旅途

小儿说，妈妈，我们好象在天上！是啊，云和船同高，我们仿如在仙境。

2015年7月12日我一早起来，7点到达著名哈伯德（Hubbard）冰川，位于东部的阿拉斯加和加拿大育空地区，以著名律师、金融家加德纳·哈伯德的名字命名。据说长122公里，是最长的冰川，最高处可以达到3400米。这个冰川向前推进了一个世纪，据说在1986年六月，冰川向前推进的过程中，堵住了拉塞尔（Russel）峡湾，形成了拉塞尔（Russel）湖，水位不断上升，达到了25米，降低了海水的盐度，影响到了海洋生物。终于在10月8日，大坝开始泄露，是历史上第二大的冰川洪水泛滥，相当于35个尼亚加拉瀑布的水量。想象一下近三十年前的洪水泄露，壮观而恐怖。我们远望，居然听到轰的一声，有冰掉下来，这是一个美丽的世界，对比也很强烈，有远处青翠的山，有这万年冰川，相映成趣。只是这浮冰有点脏。

小儿中午吃饭的时候，又被重重的门压了中指，我心里有些自责，其实他出发前右臂脱臼，一直吊着绑带，只能用左手，门的压力太大，所以受伤了。我急忙赶去三楼的医务室，没人，后来又去5楼的前台，他们也很重视，安排我们见医生。我们赶紧去11楼找到哥哥，交给了一对中国的夫妇照料。然后去看医生，这船上居然有X光，他们照了，告诉我没有伤到骨头，只是软组织损伤，我放心了，邮轮工作人员非常负责，陪我们去事故发生地点，拍了照片，还把我儿子的鞋子拍了照片，以便总结经验，防止事故再次发生。

邮轮之旅在7月13日结束了，这是我第一次到达阿拉斯加，美国的西北部的大州，第一次看到这独特的冰川地貌，我感念天地苍茫，岁月悠远，感念人类不怕艰险、勇往直前的精神，是头脑的一次洗礼，也是身心的一次彻底放松。而邮轮舒适，有专门的托儿服务，两个孩子都很开心，最后全世界来的孩子们，还专门呈现了一场精彩的演出，我们这些家长，在专业的剧场，专门观看了这些小朋友的表演。每天晚上还有精彩的歌舞、脱口秀的表演，让我在欣赏自然美景的同时，也享受了丰富的文化生活。再见，美丽的西部，再见，舒适的游船，我还会再来！

第四部分：人在旅途

爱上一座城

爱上一座城

今天是2018年7月23日，我太喜欢布拉格这座城市，她满足了我对美好城市的所有想象。我曾经在跳舞的房子七楼楼顶上眺望，我曾经在捷克最长的河流伏尔塔瓦河上乘游船观看，我曾经在查理大桥上驻足，不忍离去。这是现代与古典的完美结合，自然与历史的绝佳演绎。布拉格物价低廉，经济适用。美丽的河流，远方的拱桥，如梦的古堡，各种船只行进在宽广的河面，如帆船点点、两人情侣小船，鹅船，大游船，航行在河中，天鹅浮水，飞鸟水鸟，嬉戏安详，临栏御风，酌一杯红酒，宠辱皆忘，心旷神怡。河面宽阔而安静，河边小岛郁郁葱葱。风景如梦如画，但这也是一种历史厚重的城市，1938年3月15日德军入侵捷克，3月16日希特勒在我身后的布拉格城堡宣布吞并捷克斯洛伐克。1969年8月20日苏联及华沙成员国50万军队，6300辆坦克入侵捷克。这是一个历史灾难深重的国度。我觉得相对于历史的厚重，人生的丰富，世界的多样，我们的那些小小的不快真的不算什么。经历了这么多历史的沧桑，面对平静的河水、安静的街道、远处的城堡，我深感和平来之不易。哪怕今日欧洲吵吵闹闹，已经是历史上难得的和平年代。

爱上一座桥

在访问布拉格的短短三天内,我三次登上查理大桥,第一次是和一群朋友,穿越拥挤的人群,望着平静的伏尔塔瓦河江水,和远处山上的布拉格城堡,抚摸着那千年的雕像,对这座桥一见钟情,爱上了这座桥。桥上有一个乐队,即兴演奏,琴声悠扬。天鹅恬静地浮水,远处的堤坝横贯河中。第二天我又一个人步行二公里,经过好几座伏尔塔瓦河的桥,有三拱桥,有五拱桥,最后来到这个有着十六个桥拱,三座桥塔的历史名桥。我一时候兴起,让画家给我画了一副肖像画,坐在那里,背靠着那桥石,底下是伏尔塔瓦河的江水,望着来往的人群。忽然下起雨来,我和画家都有一把大伞,安坐在那里,人们跑走避雨,看喧闹的桥面忽然安静下来。我学了一年的绘画,对画画的人有着天然的好感,他戴着一副眼镜,穿着一双简易的凉鞋,一看,有点不修边幅的样子。我想35欧元一幅画,如果一天有10个人,也有350欧,一年工作200天,也有70000欧,应该是不错的收入。桥上一共有五、六个有执照的画师,如果热爱画画,在这美丽的桥上,画尽全世界各国人民,也是一个不错的职业选择。我的画不是很像,发给我的美术老师看,他戏称为欧版的我。可能西方的画家画东方人,还是难以画出东方人的神韵。桥上有很多手工艺者,和桥浑然一体,没有任何的违和感,他们的艺术创作和美丽的查理大桥融为一体。第三次,在离开布拉格的早上,8点20要去布达佩斯,我忍不住5点半出发,坐了五站地铁,然后走500米,去往这座桥上。因为踩着高跟鞋,我更注意脚下,我发现一路都是石子路,有很小的红黑镶嵌的石子路,也有长方形交叉铺设的石子路,相比柏油

第四部分：人在旅途

马路，更有趣，和历史感。早上人很少，我却巧遇一对正在拍婚纱的新婚恋人。婚纱真美，如仙女下凡般。在这美丽的河边，我驻足观看，那小船点点，还有跑步的少女。走过这510米长，宽10米的桥，我久久不忍离去。我曾经感叹过伦敦桥的雄伟壮观，见识过塞纳河新桥的婀娜多姿，而我对这座桥却念念不忘，因为这不是一座孤桥，是18座横架在伏尔塔瓦河中的一座。18座桥将两岸的巴洛克、哥特式、文艺复新的建筑连为一体，远处眺望可以见到多座桥。查理大桥在十八座桥中最美和最有灵性。波光粼粼的伏尔塔瓦河见证着这桥的沧桑变化，人来人往，世事动荡。这座1351年修建的桥，历时667年，见证了多少洪水泛滥，历代多少国王的加冕游行，纳粹铁蹄践踏，而查理大桥依旧屹立不倒。三十尊者的雕像，是十七、十八世纪巴洛克艺术大师的作品，被称为欧洲露天的塑像博物馆，这时我的耳畔似乎响起捷克著名作曲家斯美塔那的交响组曲《我的祖国》的第二首《伏尔塔瓦河》，河边如画的景色。以E小调小提琴来表现温和而急促的河流，而以长笛来表现冷静平缓的河流，而用C大调法国号来表示巍峨的风景。作曲家曾因为耳疾，想要来桥上结束自己的生命，他听到了伏尔塔瓦河的激流撞击查理大桥的声音，他因此创作了这首著名的《我的祖国》，对于他而言，历经沧桑变化的查理大桥，就是他的祖国。而著名作家卡夫卡称其为生命的摇篮，并在临终时候说到"我的生命和灵感全部来自于查理大桥"。我踏着前人的足迹，数着桥上的石子，感受着查理大桥给我带来的震撼与感动。别了，查理大桥，有缘再见。

诗意地居住在蒙特利尔

魂牵梦系布达佩斯

布达佩斯是我魂牵梦萦的城市。那多瑙河的微波荡漾,游船的夜景风光,让我辗转反侧。所以我才会在回国途中经阿姆斯特飞去布拉格,坐大巴来到这座城市。

早上7:00,我在酒店桑拿。昨天晚上夜游了多瑙河,走了两万三千步。今天一早来酒店一楼著名的游泳池,这是我见到最豪华、最具有特色、最古典的游泳池,50米长,四泳道宽,旁边各有十个石狮子向泳池喷水,正对面是一个希腊女神的雕塑,非常赏心悦目。前几日我有朋友推荐参加了欧洲华文媒体的会议,并且和他们同游了布拉格。我在游泳的时候想,人有见面之情,飞来欧洲,历经三国首都:阿姆斯特丹、布拉格、布达佩斯,能够认识这些著名的作家、企业家、媒体人,何其幸运。高晓松说:人不止眼前的苟且,还有诗和远方,我想因为远方会遇到缘分,你喜欢、你尊敬的人。旅游是人生存空间的扩展,丰富了我们的朋友圈,增长了人生的阅历。

昨天一早9:00我和翁兄派来陪我逛街的小姑娘一起参观了匈牙利的主要景点,翁兄是当地侨领,非常热情,朋友介绍,亲自来布达佩斯的车站来接我,并设晚宴请我这远道来的初次见面的客人。女孩陪我逛了包括布达城堡、匈牙利国会大厦、渔人堡、正在装修的歌剧院、英雄广场、大教堂等著名景点。布达城堡1987年列为联合国教科文组织文化

第四部分：人在旅途

遗产。从布达城堡远眺多瑙河，阳光照射，如星河点点，让人心旷神怡，宠辱皆忘。

多瑙河将城市分为布达、和佩斯两部分，布达城堡位于布达，乘坐了有轨电车、一号地铁、四号地铁、旧的地铁很小的进口，新的地铁还挺新潮。中午我还品尝了当地一个媲美米其林的餐厅，非常好的牛排和鹅肝，牛排入口香醇，鹅肝鲜嫩爽口，加一杯清凉的黑啤酒，去油腻，很好的一顿中餐。吃完饭，我们走去多瑙河中央的一个小岛，整点都有音乐喷泉，我们围坐在喷泉边，学当地人将脚放在围着喷泉的水池中，虽然有点凉，但脚的疲劳也得到了缓解。我喜欢音乐起来，喷泉随风起舞的状态，象婀娜多姿的少女，万种风情。

我 6:00 回到酒店，想想还是没有控制夜游多瑙河的冲动，于是我晚上 8:50 我走出来酒店的门，穿过绿桥，见到了年轻的男男女女躺在高高的桥体上喝着啤酒，聊着天，有一个男生的头还枕在女生的腿上，这在中国，哪怕加拿大那么伤风化的事情，在这个国度却很自然，夜色中的多瑙河水在静静地流淌。我正好碰见了一个来自德国的一个留学家庭。这个孩子在德国读博士，利用暑假出来旅游，父母是湖南怀化的老师，我们结伴一起游多瑙河，登上了一个 9:30 出发的游船，这艘船经绿桥，穿过白桥，再经链子桥。左手岸上是布达城堡，右手岸边是国会大厦，我们在船上可以看到他的全貌，金碧辉煌。和白天相比，更多的几分神秘了，这城堡你有多少我们所不知的故事，这国会山里发生了多少不可告人的交易，多瑙河是知道的，但是她从来不向你倾诉，只默默注视这世事变幻，沧桑往事。我在船上喝了一瓶啤酒，下船的时候脚有些打滑，飘飘地回了酒。我想这就是微醺的感觉,来到欧洲,发现喝酒,是他们常态,到处都是路边的酒吧,也可以选择啤酒、红葡萄酒、白葡萄酒、饮料、咖啡。我曾经在布拉格,早上11点在游船上喝了红酒,中午在当地的餐厅吃中饭,又喝了啤酒,晚上在布拉格城堡旁的葡萄园里喝了酒庄自酿的白葡萄酒。当时下山的时候,觉得脚步也是这样飘飘的。入乡随俗,如果不喝酒,多辜负这良辰美景。

早上爬上吉尔伯特(Gilbert)山,瞻仰了自由女神,突然想我的酒店在山脚下,就以这个山命名。我爬山时,都喘不过气来,停了好几次,越往上走,风景越好,所以古人才会讲"会当凌绝顶,一览众山小",从高处远远望去,多瑙河如一条玉带蜿蜒曲折,几座桥如玉带上镶嵌的明珠。女神高大庄严,不似山下看得那么小,所以越伟大,越要走近,才可见识她的辉煌壮观。

下午五点的飞机,十二点半,下山决定再去坐一次游船,白天游一下多瑙河。多瑙河在我心目中,是欧洲的母亲河,孕育了欧洲文明的摇篮,发源于德国,流经多国,激发了音乐家、画家的创作激情,是欧洲的灵魂。如今近在咫尺,便是要好好亲近一下。乘船而下,两岸建筑各有特点,我发现了几座现代建筑,是五星级酒店,和古典建筑混于一起,有点不协调的感觉。

我打的去机场的时候,和的士司机聊天,他对现任总统非常不满,他气愤地说,在2023年的欧洲居然还有总理认为白人且天主教徒才是最优秀的人。我想他认为明目张胆地种族歧视居然出自一个欧盟的国家领导人之口。"匈牙利总理还说什么匈牙利是非自由民主,天啊!自由就是民主,还有什么非自由民主,那就是不民主。"他还说:"我们这里

第四部分：人在旅途

最低工资才 350 欧一个月，你想我从周一到周六早七点干到晚七点才赚 1800 欧，而我所有的努力就是为了把我 17 岁和 15 岁的女儿送出匈牙利，因为在匈牙利是没有前途的，她们英语和德语都很好。我是什么感觉？"我想将自己的孩子送去远离自己的异国他乡，是一种心痛的感觉。"知道我们匈牙利找不到医生看病，光英国就有 3300 匈牙利医生在那工作。这个总理在选举中大谈反移民、反难民问题，就是转移民众对他贪腐的注意，匈牙利这么穷，鬼才愿移民这里呢！"他愤怒到极点，说"他是国家首富，窃国大盗，跟俄罗斯普金总统和土耳其总统是好朋友，本质是独裁者，我恨不得杀了他。"我记得《经济学家》专门谈到弱小国家有着强势领导人，他们弱化民主，大谈无自由民主的概念，完全是忽略自由、民主不可分的常识。专门点了土耳其总理的雷杰•普埃尔多安（Recep Erdogan）和匈牙利的欧尔班•维克托 Viktor Orban，从 2008 年到 2018 年，这两个国家民主指数，以 100 分计算，分别倒退了 35 分和 20 分。匈牙利总理利用人们对 2008 年金融危机和 2015 年叙利亚难民借道匈牙利去德国的恐惧，强化了自己的领导。从 2010 年上台之后，压制了民主声音，甚至将亿万富翁索罗斯的学校和基金会关掉，因为这位匈牙利犹太人致力于推动匈牙利民主。其实匈牙利是一个中等发达国家，970 万人口，以购买力计算，人均 GDP 也有 28700 美元左右，当然不能跟英法德这些大国相比，但也是一个不错的国家，30％工业，60％的服务业发达，官方失业率只有 4％。对此的士司机吐槽到，总理把从匈牙利移民去欧盟的 70 万人也算成就业，真是无耻。至少匈牙利人民可以自由自在去欧盟的任何地方居住和工作。的士司机的

诗意地居住在蒙特利尔

话也让人伤感,这么美丽的国家,居然有这样怨声载道的百姓。

起飞到空中,我看到这如梦的多瑙河,心中想:但愿他的统治者能够爱他的人民,以匈牙利人民的利益为己任,让人民幸福地生活在多瑙河两岸,天赋这美丽的土地,不要辜负啊!

第四部分：人在旅途

拉斯维加斯不相信眼泪

2016年1月蒙城大雪纷纷，积雪不化，望着满城的白雪，没有一丝绿色，我郁闷难当。正好我在拉斯维加斯（Las Vegas）的朋友珍妮（Jenny）邀请我去度假，蒙城一个朋友莎拉（Sarah）也去那里开会，于是我俩做伴，这传说中的浪漫之都、娱乐之都和罪恶之都就成行了。娱乐之都是因为那里有世界顶级的表演，包括加拿大的流行天后席琳·迪翁（Céline Dion），和太阳马戏团。浪漫之都是因为在沙漠之中修建的一座城市，带有人类多少想象和创造力。我想知道为什么是罪恶之都？

珍妮让我感叹缘分的美妙。去年夏天和家人乘坐阿拉斯加邮船度假，下船后，从西雅图回温哥华大巴上认识了珍妮。她从拉斯维加斯飞西雅图找工作，然后去温哥华找朋友玩。我俩在大巴上一见如故，聊了一路，而后微信互动，发现非常投缘。没想不到半年后，我们就相见了。我们在拉斯维加斯，这几日，她送往迎来，如老友般尽心，到了最后一晚，快十一点了，还把我们送到威尼斯人酒店，看酒店中形似威尼斯的美景，心想；"白首如新，倾盖如故"。有些人你认识了一辈子，与你相交也可能是路人，而有的人你只认识两小时，却可以相知、相识一辈子。友情、爱情有的时候真的与时间无关。爱情也是如此，天降打败竹马的故事比比皆是，你可能对一个人一见钟情，而对一个和你在一起的青梅竹马的小伙伴熟视无睹。在拉斯维加斯还遭遇另一个奇缘。有一日一个人去我们隔壁的酒店逛，这个酒店叫萨姆敦（Samtown），有假山和流水，我正在那里拍照，有一个五十岁左右，和蔼可亲、胖乎乎的老外给我一张酒店的早餐券，他马上要去机场了，我连声称谢谢。进了酒店的自助餐，我碰到一个中国女子，因为我俩前后排队，前台以为我们是一起的，安排我们俩一张桌子，她是北京人，很豪爽，我们聊得开心，留下微信之后。过两日，她翻看了我的朋友圈，忽然发条短信给我，"我很喜欢你的文字，你的《世事如棋》，我还在20年前读过，偶遇让我们相识，希望我们能成为朋友"，我感念天地的缘分，《世事如棋》是自己1995年入选武汉大学出版社出版的《当代新人优秀作品评析》。20年过去了，我移民加拿大，居然在美国的拉斯维加斯遇到了一位读者，还成为朋友。微信这种新媒体的确改变了人的生存方式，最大可能地拉近了人与人之间的距离，人与人之间更多是点对点的交流。

我去过很多赌场。澳门的赌场，我们1997以来去过很多次，眼见着她从一个安静的小镇成为一个熙熙攘攘的城市，周润发的《澳门风云》都拍到第三部了。蒙特利尔有北美最大的赌场，像一艘豪华的邮轮，在夜晚的圣劳伦斯河上灯火通明，上下几层，小到老虎机，大到21点，百家乐，很多华人在那里赌博。有一个组织叫做"南岸华人戒赌中心"，可见有人嗜赌如命。我们最爱的是那里的自助餐厅，有龙虾，望着江水，安静地享受这美餐，忘却了这庄家和闲家的血雨腥风的厮杀。马来西亚的云顶赌场，乘坐缆车上去，云雾缭绕，仿如仙境。拉斯维加斯，我还是震撼于她的美。她给我的第一感觉，精致、典雅，每个酒店就是一个大的娱乐中心，有赌场、饭馆、购物中心，凯撒皇宫酒店和威尼斯人酒店顶

第四部分：人在旅途

端都做成了天空的颜色，白云满天，分不清是天还是酒店里面。威尼斯人酒店里还有一条小河贯穿整个酒店，有着威尼斯特色的刚朵拉小船，长约十来米、宽不到两米，两头高翘起，呈现月牙形，黑色平底船，冈朵拉船夫穿着一件带横条的紧身黑白短袖上衣，戴着一顶黄色红条草帽，船夫站在船尾上，长长的单桨搁在弯曲的桨架上。两人的小船，84美金15分钟。听着冈朵拉船夫的歌声，泛舟河上，恍惚间，抬头望天，白云朵朵，还以为真到了威尼斯。再往旁边一看，左边是著名的歌帝梵（Godiva）巧克力店，前面是巴宝莉（Burberry）名牌店。这些名牌店是细节到挂灯、地毯，都体现着讲究和奢华，这就是用金钱和创意堆积起来的城市。我们在百乐宫（Bellagio）酒店的音乐喷泉那驻足，看着绚丽的灯光。在陪我们逛耗资27亿美元永利（Wynn）赌场的时候，珍妮一点赌博的兴趣也没有，同行的娜娜则是迈不开脚步。去玩21点了。珍妮说她的先生以前有很多钱，拥有三家餐厅。离婚后，前妻带着三个孩子在加州生活，他百无聊赖，一日带着五万美金去永利赌场赌博，一个上午就赢得了五万美金，回到家里，一个小时之后，他再也睡不着了，带着十万美金，再进赌场，结果可想而知，十万美金输了个精光。赌场因为他是大客户，再给他几十万的信用额度，在十几天之内，他将他所有的身家全部输掉，还欠赌场十几万。听完这个故事，我看着这精致的酒店和琳琅满目的精品，我的心情不一样，想到这样的故事天天都在上演。而这里的赌场对赌徒非常慷慨，如果你输过几百万美元，赌场会派直升飞机来接你去赌博。我看着这庄家和闲家的较量，每天都在上演，这庄家就象一个张开血盆大口的大老虎，等着这些猎物上钩，哪怕他是笑语盈盈，他也是一个吃人不吐渣的大老

111

虎。我们终于明白罪恶之都的含义，罪恶是因为赌城掩藏多少高利贷借债、倾家荡产和色情交易，拉斯维加斯不相信眼泪，只相信金钱。

购物是莎拉的最爱，而我却只是走马观花，世界顶级的名牌汇集于此，蒙城也有一些，但此处牌子之全，品种之多，可能只有纽约、巴黎、伦敦这些世界最大的城市才可以媲美，几千、几万的一件衣服比比皆是。美国作家亨利·梭罗在《瓦尔登湖》中说："绝大部分奢侈品及不少所谓生活的舒适，非但没有必要，而且毫无疑问，是阻遏人类进步的重重障碍。"是啊，人类对于物质的无节制的贪婪追求，让人们疲于奔命，焦虑烦躁，而我们忘记了其实人更需要心灵的滋养，而非物质。

我很少在一个城市盘桓四日。等我回到蒙城，我们一家四口一起在圣-布鲁诺（Saint-Bruno）雪山滑雪的时候，从山上飞驰而下，看着这满山的白雪，和前面飞奔的儿子们和先生，我更加爱加拿大了。虽然这里没有拉斯维加斯的那麼多装修精致的酒店和赌场，琳琅满目的超级名牌店，这里只有安宁和平静，滋养我的心灵，在我人到中年的时候，有一个平和的心态，觉得如此珍贵。

第五部分：宝剑锋出

诗意地居住在蒙特利尔

墙上的风景

我在一个大型的投资公司上班,同事大多是当地魁北克人——法裔。他们在办公室的墙上总是放上各种证书和照片。真有意思。墙上仿佛如一道风景线,而我就是那个看风景的人!它装饰了办公室,也装饰了我的加国梦!

佩勒林(Pellerin)是我们的培训经理,她今年四十六岁,她先挂了两个男孩的照片,一个十一岁,一个九岁,我羡慕她有一双可爱英俊的男孩,她也成天很幸福开心的样子!有一天,我忽然发现又多了一个男青年的照片,是一个二十多岁,穿着大学毕业典礼制服,手里拿着大学毕业证书的大男孩。我有些吃惊,不会这两个小男孩,就大学毕业了,好象长得也不像佩勒林。后来我问她,才知道她已经和老公离婚了,现在和另外一个男人同居,这个男孩就是他带过来的前妻生的男孩!我发现了当地人的宽容,离婚也没有见到她的愁容,倒是有新伴侣之后,将他的孩子的照片也放在自己的孩子一起,表明完全的接纳,至少形式上是一个完整的家庭!在加拿大离婚率很高,再次组织家庭,对于四十六岁的她似乎是一件很自然的事情,他们比我们中国人更容易接受别人的孩子,更自然地面对重组的家庭。

马克(Mark)才28岁,他先放了一个5岁小男孩的照片和2岁小女孩的照片,后来那个小男孩的照片又不见了,只剩下小女孩的照片。我看着觉得里面肯定有故事,他必定发生了一些变故。后来一问才知道,他先和一个女朋友同居,和他的女朋友生了一个小女孩，而这个男孩是这个女朋友和前面的男朋友生的，小男孩二岁就和马克共同生活在一起，感情不错，所以两个孩子的照片就挂到了我们单位的墙上。后来这个女朋友主动提出分手，这个小女孩由他们共同抚养，由于他们不再同居，这个男孩的照片也就消失了。这就是魁北克的常态，一半以上的孩子出生在非婚生家庭，这样的分手，在财产上不会有任何纠纷，因为魁北克只保护合法的婚姻关系！不过我还是觉得一个正常结婚生子的家庭对一个孩子的成长更加有利，让孩子更加有家庭感和安全感！

纪尧姆（Guillaume）是地区经理，他的墙上挂了他大专的毕业证书。华人移民本科、硕士、博士一大把，如果连大学都没有读到，也不是一个可以炫耀的事情，怎么还会把大专院校的证书大鸣大放地放在墙上？如果在中国一个地区经理，至少会想办法搞个MBA什么的粉饰一下门面。可是这张证书就赫然放在那里，我们上百个同事走过，每天都看到。他19岁就读完了书，而后来去大型飞机制造公司庞巴迪（Bombardier）工作，不喜欢一成不变的办公室生活，跳到我们公司，业绩优秀，三年之后，就提到了经理。其实在加拿大没有把学历看得很重，比较看中真正的工作能力，他投资楼盘明珠小区，各花9万买了两套公寓，后来一套30万卖掉了，一共赚了四十多万。这个男人三十一岁，智商、情商和财商都很高，至于大专学位，也是一个系统的高等教育证书！他珍惜自己的任何一个学位，挂在墙上，是一个怀念，也是一个认可！

每天走在办公室，看着墙上的风景，看着各个大学的证书，有麦吉尔大学（McGill），拉瓦勒大学（Laval），蒙特利尔高等商学院（HEC），看着各式照片，有夫妻照，孩子的照片，有男女朋友的照片，有油画，风景画，仿佛看着人生的短剧，天天都在上演。一日心血来潮，不由得也身体力行，将我的金融硕士证书和金融风险经理(Financial Risk Manager FRM)头衔的证书挂在办公室的墙上，证书高高在上，需要仰望。以前我把证书就放在抽屉里面，现在每天看着，自己总是很感触。想着用法语啃读金融硕士的岁月，从刚开始听都听不懂魁北克法语，到平均分 A-毕业。全球只有二万多人有金融风险经理这个头衔。花一年时间在咖啡厅、图书馆，准备考试，带着一个随身听，听着各种音乐，阅读了一大堆英文资料和做了数不清的练习题目。考过之后，欣喜的情景还历历在目。墙上的风景，提醒自己的过去，提醒自己的梦想，也提醒自己为梦想付出努力，心中也为自己涌起了感动。不信你也试试将证书挂在办公室的墙上，融入本地文化！

第五部分：宝剑锋出

对不起，你被解雇了

周五下午，我路过梅拉妮办公室的时候，发现这个56岁的魁北克老太太正在抹眼泪，我们的大老板米希尔在一边安慰她。我一问才知道，周三公司通知她被解雇了，周五她就得收拾东西走人。我心里也不好受，九年前，她把我招聘进了公司，谦和、友善，有问必答，是个好人。等大老板走了，我去跟她拥抱了一下，不知道如何安慰她，算是告别。几个星期前，我们还在例行每年的枫糖屋的聚会时，庆祝她已经工作了三十年，我们唱着法文歌曲，拍着手，将我们所有同事签名的明信片送给她，并每人出了10元，送了她一张礼物卡，她感动得掉泪。画面就在眼前，谁知道几个星期之后，一纸解雇信，切断了她和这个公司的联系。我想这次是委屈和愤怒的眼泪，委屈：公司没有顾虑她三十年的付出，她曾经是全国最优秀的培训经理，获过奖状，得到过嘉奖。愤怒：没有再等几年，让她体面地退休，要知道被辞退和退休待遇差别很大。我知道另外两个工作十五年以上的金融产品专业顾问也被解聘了，还有一个工作二十年以上的运营经理被解聘。我们这个分公司共八个人的管理团队有四人被解雇，这是我入行以来最大的人事地震。

由于机器深度学习能力的提高，人工智能替代人类工作的趋势大大加快。金融行业相比其他行业有着更好的自动化系统和更完善的大数据，金融行业的工作被替代的趋势非常明显，以前高薪的股票交易人员、金融分析师今日已经没有办法匹敌人工智能的天量数据的处理能力。另外金融网络销售、网络服务、网络咨询日益盛行，各个银行网点裁撤，人员解聘。我们这样的百年投资公司也从全国31个分公司裁到16个分公司，全国裁员一千人，有些客户人口少的城市，干脆不设任何网点，让销售人员在家办公。公司号称要节约每年200亿的费用，大刀阔斧进行改革，成立虚拟办公室，现代、时髦、节省空间，降低固定成本。其实不光是金融行业，农业、制造业、零售业、其他各个服务业都受到冲击，我们家附近的购物中心，短短几年，看到好几家连锁店倒闭，开始是塔基特百货公司（Target）退出加拿大，后来是成立于1892年西尔斯百货（Sears）倒闭。我在西尔斯百货清仓处理的那几天，看着人头涌动，大家抢购便宜货的情景，觉得有种大厦将倾或者泰坦尼克号撞沉之前末日狂欢的感觉。一边是电商亚马逊的股票狂涨，另一方面是全球不断有大卖场被关闭。几家欢乐几家愁，传统的模式，如果不适应新的趋势，一个再尽心尽职的雇员也可能保不住自己的饭碗，比如西尔斯的员工。大势所趋，我们怎样才能勇敢面对，不惧未来？

公司很快新人到位，25岁的简代替了梅兰妮的位置，她年轻、漂亮、充满活力，以前公司除了本部之外还有三家办事处，在三河市、魁北克市、Sherbrooke市，梅兰妮一年也去不了几次，简来了后，一个月去两次，把培训搞得有声有色。人生真的很残酷，公司也是现实得很，谁都想雇佣一个勤快、懂事，关键是价格便宜的雇员。她的工资和福利只是梅兰妮的一半。一个六零后，输给了九零后，年轻无敌。我想有一天我们也会老去，难道我就是那个收拾东西默默离开的人吗？我想有三个选择吧。一个是继续学习，让自己无

第五部分：宝剑锋出

可替代，方是一条出路。创新工场李开复博士，一次谈到了工作的金字塔，底层是蓝领工人，上面是简单重复的白领工人，再上面是中层管理者，再上面是高层管理者、企业家，金字塔的顶端是有战略眼光的政治家、经济学家。不出十年，50%的简单、重复性的工作会被取代，从事具体的工作任务也会被取代。所以加强学习，继续在金字塔结构中从初级向中级向更上级上升是一个选择。第二：投资金融资产，包括股票、债券、和私募资金等，在临近退休的年龄，自己的人力资本贬值，但是已经有金融资产为你生财，带来稳定的现金流，实现财务自由。还有第三点，根据牛津大学的专业研究，AI无法替代有创造性的工作和有人际交流要求的工作。比如绘画、音乐创作、写作、商业模式的创新，都不会被替代，这当然包括科学家的发明创造和艺术家的创作。另外有人际交流的工作，也是冰冷的人工智能无法替代的，比如销售、公关、广告、品牌的运作等。选择无法替代的工作也是一个职场中的人的选择。人类面对前所未有的挑战，了解趋势，了解未来，早做准备，才能无惧未来。

诗意地居住在蒙特利尔

米歇尔

疫情期间，公司再次做出重大调整，重组了销售团队。我才知道米歇尔（Michel）退休了。他57岁，在我工作期间，他一直是魁北克三个城市的大区经理。公司四年前大重组，当时大裁员，31间分公司变16间分公司，削减每年200亿加币的开销，裁减了15个大区经理，他侥幸留下来了。我们这个大区，当时有三个产品专家和一个培训经理都被辞退或者提前退休了。当时那个培训经理刚刚庆祝了工作三十年的派对，提前二天告诉她，第三天就让她走人，我记得米歇尔还去她的房间安慰她，她应该是哭了。我先生听我讲这些，叹到："真是万恶的资本主义，没有一点人情味"。事实上，加拿大比起欧洲来说，的确没有太多雇员保护条款。我有个客户是加拿大航空25年的员工，在退休前1年她被解雇了，这意味着她将没有机会获得加航慷慨的退休计划。魁北克的劳动法在公司整体的重组的过程中，也不保护个人的权利。比如我的朋友在一个银行工作，她在哺乳期还是被解雇了，因为她整个部门都被裁减了。

我和米歇尔曾经聊起过此事，我说觉得很伤感，这几个被裁减的人都很专业，在公司工作了十五年以上，他安慰我说，随着互联网金融的盛行，网上办公的流行，金融行业裁撤网点和裁减专业人士，整合资源，是大势所趋。改革力度这么大，总有人要付出代价。话尤在耳，没想到他自己没有躲过这次的大重组，这次魁北克只留了一个大区经理，以前

第五部分：宝剑锋出

有三个，所有的 60 后退休，70 后、80 后开始挑大梁。据说他有很好的退休计划，应该聊以安慰。不过为公司工作了三十多年，疫情期间也没有欢送会，我觉得非常舍不得他。我给他发了封公司邮件，发现邮件已经查无此人，退回来了，所以这就是残酷的人生，工作了三十年的地方，连告知我们都没有，更不要说欢送会，便这样默默地退场了。于是我给他发了个短信，我说感谢他这 12 年来对我的鼓励和激励，是他让我觉得我们的职业是一个既可以享受快乐，又可以帮助别人的职业。祝愿他有一个好的退休生活。他给我回了一个信息："你的话让我感到温暖，你的微笑、你的好脾气，你的决心总是让我印象深刻。照顾好自己，我们很快会见面的。"米歇尔总是笑眯眯的，非常幽默，也很有凝聚力。在公司十二年，我由他和他的团队更了解法裔的文化。魁北克的法裔比英裔更温暖，把公司过成了大家庭。对于一个金融销售团队，有的时候人像走马灯一样，他说他的管理团队没有一年是一模一样的，总有人走，或者放弃管理岗位做业务。但是每年都会举行开年聚会、枫糖屋、高尔夫聚会、外地的峰会和圣诞晚会，这些活动都搞得有声有色。有一次高尔夫活动还还请了一个乐队来演唱。我们每年打一次高尔夫比赛，米歇尔开着车给我们送薯片、巧克力等各种小吃和伏特加，我刚开始不会打高尔夫，第一次最后一个坚持打完，还得了一个最努力的奖。每年的公司的峰会，我们一起去过温哥华、哈利法克斯、渥太华、多伦多开会，米歇尔会请我们在当地最好的餐厅吃饭，喝着小酒，吹吹海风，非常惬意。每年一次的圣诞晚会，他知道我早睡早起，9 点就开始打瞌睡，有一次，他看我还没有睡，指着手表调侃我说：云涛还没打睡呢！九点了！他是一个在我的生日，总是会给我发祝福的人，

诗意地居住在蒙特利尔

从未忘记,要知道他的团队有100多号人。仔细想想在加拿大能记得我生日的当地人屈指可数,就是这样一个魁北克人把同事过成了家人,他从不去责怪任何人,淡定从容,但是总让人觉得温暖,和愿意为了他更加努力!

过了半个月之后,米歇尔通过他以前的下属、现在的大区经理发了一个感人的离职感言。他说做了23年的经理,17年在南岸,6年是魁北克东部的大区经理,他很快乐,有最好的支持团队、最后的销售队伍,他带领的办公室既是成功的,又是快乐的。希望我们发挥我们的潜能做得更好。我很感动,想回个信,可惜是他的下属的邮箱,这个人在这个体系中便消失了,留下美好的回忆,在风中摇曳。

第五部分：宝剑锋出

难得从容

2024年2月21日，苹果的股票价格已经达到刚刚上市的2800多倍。1981年1月每股0.45元，2000年1月3.7元，2010年1月达到30元左右，最近2024年2月21日的收盘价，182.32元，1-7拆分，相当于原始股的1276元，这十年也上涨了四十倍左右。任何一个投资可能都没有办法获得这样的回报。但是在这几十年中，有多少人，买进抛出，如苹果公司的过客，却终无所得。而那刚开始的投资人，又有几人，没有投机的心理，只安静地等待这商业奇迹越演越大。忽然脑海上跳出一句话，难得从容！是啊，苹果的原始股东坚持到现在，能有几个？大多的投资人需要立即回报，没有人愿意等待一个十年甚至几十年的周期，让一个企业成长。人们在惶恐中进进出出，抛了苹果股票之后，又有几个人可以通过自己的其他努力获得几十倍，几百倍甚至几千倍的回报。而那些曾经是苹果的股东，而没有赚到钱的人，或许需要反省一下，好的企业股票，只需要你从容等待！正如投资大亨查理芒格所说："赚大钱不是靠买卖，是靠等待。等待是投资的朋友，但太多人无法容忍等待。"

社会充满了浮躁，爱情需要立即兑现，车子、票子、房子、婚姻明码标价，变成快餐式的消费模式。"非诚勿扰"节目的火爆，说明大家在等待一个成功的男性，而不是一个潜力股。如果成功前的马云之类，肯定会遭遇第一轮全面灭灯，成功后的马云可能会受到轰抢。同样一个人，截然不同

诗意地居住在蒙特利尔

的结局！人们只在乎你的现在，没有人关心你的将来。难得有人从容等待一个男人历尽无数的失败而最终获得成功。央视春晚上，刘欢唱着《从前慢》这首歌，电视机前的我不由得感动流泪。"记得早先少年时，大家诚诚恳恳，说一句是一句，清早上火车站，长街黑暗无行人，卖豆浆的小店冒着热气，从前的日色变得慢，车、马、邮件都慢，一生只够爱一个人"。是啊，一生只够爱一个人，又有几人一生只愿爱一人？老天爷其实是公平的，会在一生中给你至少一次爱一个人的机会。为什么《何以笙箫默》这电视剧热播？被网络媒体调侃成史上制作成本最低的电视剧，道具、服装平平，但是收视率创新高，就是因为男女主人公爱得从容。何以琛可以等赵默笙七年，不开始任何新的恋情，赵默笙可以对亿万富豪的殷勤视而不见，只记得她的初恋，真情感人至深。当一个人可以等待一个人七年，这样的从容，让人感动。同样爱着何以琛的何以玫说："我等不过他，他可以在你去美国后，毫无希望的情况下，继续等待！"是啊，从容爱一个人，可以让所有的情敌，知难而退！

有一个客户拿着1985年我们公司签发的发黄的保单，要求修改受益人。他告诉我他三个月后就要死了，看着他认真地跟我聊着他身后的事情，我有一种莫名的感动。我第一次见到一个人如此从容面对死亡。他说他得了肺癌，不想再花时间去救治了，选择从容就死。他也哭过，但觉得自己这样平静乐观，对自己的亲人是最好的安慰。有多少人到死前，或愤怒，怒撒金钱，或者自怨自艾，怨天尤人，或者苦苦抓住最后一根救命稻草，苦苦哀求，苦苦挣扎。这个72岁的老人，让我看到从容就死，这样有尊严，这样让人尊敬。

第五部分：宝剑锋出

人们一直说天道酬勤，如果你家境平平，如果你资质平平，如果你相貌平平，没有人阻止你去勤奋，没有人不允许你付出比别人更多的努力，老天爷会奖励你的勤奋。我想进一步或许也可以说，天酬从容，如果你比别人多一些眼界，多一些远见卓识，多一些耐心，你更容易等到你喜欢的人，更容易取得成功的事业，更容易获得高额的投资回报。难得从容，从容需要代价，需要远见，需要义无反顾的信任，需要守得住寂寞。难得从容，生命从容、爱情从容、事业从容、投资从容，花开花落，花开成景，花落成诗，行至水穷处，坐看云起时！从容的人生注定有不一样的精彩！

广州画院写实派画家薛军作

诗意地居住在蒙特利尔

自雇四十年

秋日的南岸，澄清的天，如一望无际的平静的碧海，风吹起一池落叶，一辆白色的奥迪A6，停在一个雅致的西餐厅门前，从上面走下来一个满面红光的老人，六十岁左右，西装革履，红色的领带衬托着他，显得气色特别好，他身边陪伴着一个四十多岁的中年男子，他俩一走进餐厅，餐厅里面四十多个人同时站了起来，拍着手高唱起法文歌曲，现在是时候，让我们对你说祝贺，开始新的人生。这是我们公司自发组织，为庆祝莫里斯（Maurice）执业四十年的一个惊喜聚会，陪伴他的是我们公司的地区老总米歇尔。

莫里斯开始致辞，他说四十年来，是你们的支持让我走到今天，你们的友谊和信任是我们坚持下来的动力，我还要继续战斗下去。听到这里，米歇尔大喜，各个金融产品线的经理也大喜，这样的销售干将一旦退休对整个地区的业务将是一个很大的损失。而我们行业没有退休的限制，作为投资理财顾问，只要你愿意做，满足每年规定培训的要求，就可以一直做下去，也许对他来说，帮助到更加多的人，是他的一个目标，对于他来说工作已经成为乐趣，而不是仅仅谋生的手段，聘用了几个助理，他可以选择他重点服务的客户。

记得我的经理菲利普（Phillipe）曾经用莫里斯的故事鼓励我，他问我：你的一生中认识几个年薪六十万的人，我说，不认识几个，他说在你十米开外就有一个，莫里斯努力工作，经常年收入过百万。

第五部分：宝剑锋出

我吃饭的时候，坐在莫里斯的对面。我对他说，你如何平衡家庭和工作的关系，他说："我最多一个星期有两个晚上在工作，其他的时间我都陪着孩子。我的太太非常支持我的工作，承担了所有的家务。对于你们女人而言，你们的孩子更加需要你们，所以你们唯一的办法，就是白天工作，白天去见客户，而不是晚上去见客户。"想想入行以来，我的确奉行这一点，作为两个小孩的母亲，我几乎很少在晚上和周末工作，自雇人士是你选择你的工作方式，而不是由别人来确定你的方式。莫里斯说："我会花很多时间陪伴我的孩子，陪他们打冰球，观看他们的比赛，现在我的三个孩子都长大了，每个都生了孩子，现在我们家有十个孙子和孙女。"我都可以想见他们圣诞节聚会的时候，一家大小其乐融融的景象。是啊，在孩子和事业之间，我会选择孩子，因为钱可以晚点赚或者少赚，但是孩子的成长错过了，就没有办法再弥补。我认识很多自雇的小生意者，因为生意忙，把孩子送回国，或者疏于管理，其实想想，我们选择自雇，不就希望自由，我们有时间去做我们想做的事情，而不是把自己禁锢在自己的生意里，成为不自由的人。我又记得莫里斯的一个往事，我们公司一年一度的高尔夫球比赛结束后，他来帮他的女儿卖葡萄酒。据说他女儿要去中东旅游，没有钱去，通过卖酒来筹款。他那么有钱，给孩子去旅游根本不成问题，但是他会鼓励她通过自己赚到钱去旅游，他会帮她卖酒，而不会直接给他钱。他的教育孩子的方法值得我们去学习。

莫里斯对我说，投资理财作为长期的事业，你一定要着眼于将来，而不是只盯着短期利益。投资理财顾问是帮助客户理财规划，将更多的钱用于投资而不是消费。当然重要的是客户的需求，而不是我们自己的收入，一切以客户利益出

诗意地居住在蒙特利尔

发,客户的信任是更重要的财富。当然短期来,这些小的投资不会给我们带来什么佣金收入,但是四十年的积累足以产生变化。

四十年来,据说在每一次培训中都可以见到莫里斯的身影,他是一个坚持学习的人。保险、投资业四十年变化巨大,坚持学习才能跟上进度。他对坐在他身边的工作了15年、四十岁的帕特里克(Patrick)说,小伙子你有一年赚到四十万的潜力,你没有达到,不是米歇尔的问题,不是你的经理的问题,是你自己的问题,你对你的命运负责任。帕特里克激动不已,他说:从来没有人对我说,我有这样的潜力,谢谢你,莫里斯!米歇尔也对我们说,每天你对着镜子对自己说,是这个镜子里面的人对我的命运负责,而不是任何其他人。所以这就是自雇职业的魅力,我们努力工作,我们对自己的命运负责任。我们移民如果在一个大的金融机构,成为早九晚五的雇员,公司高层大多是当地白人。而女性更是难以升迁,据统计在金融行业雇佣女性人数为46.8%,但是职位大多集中在中、下层。作为一个自雇职业者,在这里面只要你的业绩好,上升是没有天花板的,我们为自己的命运而努力奋斗。但愿我也能自雇四十年,日日学习金融最新知识,以客户需求为导向,在帮助客户实现财富自由的同时,实现自己的财务自由。

推荐语

　　海德格尔的名言："人，诗意地栖居"，成为了云涛的书名。所谓诗意，当是创造，而在异乡的创造，就有了更深一层的含义。云涛笔下的蒙特利尔生活，打开了自我，打开了世界，也打开了诗意，即我心安处。

　　——陆蔚青 作家

　　作为一名移民，云涛这位"深度斜杠青年"的生活是值得我羡慕和学习的。她事业成功，爱情甜蜜，育儿有方，在音乐、文学、体育等等方面均出彩，出成绩，一路开挂，这本书翔实记录了她的故事和感悟，很有借鉴和启发意义。诗意地居住，无论在蒙特利尔，在纽约，还是在东京……拥有自由的心灵，奋斗的精神，还有对美的向往，何处均可"行到水穷处，坐看云起时"。

　　——唐伟滨 诗人

　　梵高说，在无情的世界里多情地活着。这是一种境界，也是一种向死而生的勇敢。云涛在北美广阔的天地间挖掘着这种美，这种诗意的存在。这不仅是一位写作者的情怀，更是面对人生的勇敢！诗意地活着，平凡的生活便富有了那份璀璨的美丽！

　　——黎杨 作家、加拿大《华侨新报》主编

今天读了云涛书中《萌娃在家学中文》那篇，心里由衷生起佩服和羡慕，不愧是对外汉语专业毕业的老师，她成功地跨过了许多海外华人家长的坎儿，让孩子过了中文关。另外，那篇《今天送儿子回中国》引起我深深的共鸣，我相信，这不仅是她的故事，也是很多海外华人妈妈的痛。

——温迪　加拿大《华侨新报》总编

云涛对文学的热爱，对音乐与绘画的热情，以及持之以恒的学习态度，是所有学习者的榜样！愿文字与音乐成为她人生中永恒的风景，常伴左右。

——张宝国　中国第一代流行音乐制作人、钢琴教育家

梵高说："一个人可以仅仅通过使用色彩来表现诗意，就好像人们可以通过音乐抚慰心灵一样。"云涛和我学画多年，从素描到油画，认真坚持，从未放弃，唯有持之以恒，才可享受绘画带来的乐趣。色彩、光影、明暗、线条皆是诗意。

——杨斌　点石画室　画家

暖春，参加一次摄影讲座活动时，收到了云涛的新书：《诗意地居住在蒙特利尔》。书名有点长，好像不如此长，就不足以盛得下她那漫长的诗意。就像封面加封底，那寥廓浩荡的皇家山，那山上山下的绿中带红的枫树，那样的卓卓然然，自由旺盛。

打开目录，有五部分共二十八篇美文。只看目录，我便熟知其中不少内容。我们是老朋友了。

十多年前，我在经营街口小店时，云涛与我住得很近。她与她母亲散步时，就到了我的小店。她母亲是专程从国内

来帮她带孩子的。母女俩都很开朗、健谈。后来又增加了另一个宝。三年用法语拿下金融硕士学位，同时育有两个宝贝儿子。我很佩服她。我一直都赞佩勤奋的女人，我说想写写她，云涛说，是她的母亲伟大，她写了一篇关于她的母亲的散文，并收入我的文集里。后来她们买了新房子，搬走了。但借助微信联络，我更便捷更清晰地了解她了。她加入了自己喜爱的理财专业公司，后来又有了自己的公司，而且成绩斐然，经常获奖。

她一直在读书，经常看到她的"清晨读好书"的微信内容，她分享《经济学家》、《国富论》等与专业有关的知识和见解。她也爱读纯文学的书，并且认真写读书笔记。"蒙城读书之乐"是她收录的第二篇文章。有关莫言、尼采、西蒙·波伏娃、爱丽丝·门罗等等有关作品的心得分享，都很有特点和观点。

让我感动的还有，云涛爱好广泛，并且勤奋好学，每学一样都专心用功，一定要学出个名堂。蒙城雪季很长，得天独厚，怎么能错过了天赐良机，她记录着每一次滑雪的体验。高尔夫球场地既可锻炼身体和智慧，也可交友联络情感。她常常是早起的鸟儿，打一场球再上班，两不耽误。蒙特利尔藏龙卧虎，她遇到顶级的音乐老师和绘画老师，文青的梦想一个一个被激活。学钢琴，学油画，她总会合理地安排出时间，而且样样学得小有成就。这就是云涛的诗意生活。

"诗意居住"、"书山有路"、"情到深处"、"人在旅途"、"宝剑锋出"，每一个篇章都透着诗意，每一篇短文都是她前进的足迹。

"博观而约取，厚积而薄发，"是苏轼的名句。如果说《诗意地居住在蒙特利尔》是一次薄发，那么一日一日的勤奋学习和磨练，就是博观、约取和厚积。

诗意地居住在蒙特利尔

　　诗意需要底蕴的滋养，诗意的生活需要欢愉的心情孕育。愿云涛未来更上层楼。
　　——马新云 北美中文作家协会会员、加拿大华裔作家协会会员

www.ingramcontent.com/pod-product-compliance
Lightning Source LLC
Chambersburg PA
CBHW031118080526
44587CB00011B/1023